Burkard Weissenberger

Die Sprache Plutarchs von Chaeronea

und die pseudoplutarchischen Schriften

Burkard Weissenberger

Die Sprache Plutarchs von Chaeronea
und die pseudoplutarchischen Schriften

ISBN/EAN: 9783744600309

Hergestellt in Europa, USA, Kanada, Australien, Japan

Cover: Foto ©ninafisch / pixelio.de

Weitere Bücher finden Sie auf **www.hansebooks.com**

Die Sprache Plutarchs
von Chaeronea
und die
pseudoplutarchischen Schriften.
II. Teil.

Programm

des

K. hum. Gymnasiums Straubing

für

das Schuljahr 1895/96.

von

Dr. B. Weissenberger,
K. Gymnasiallehrer.

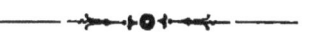

Straubing.
Cl. Attenkofersche Buchdruckerei.
1896.

II. Teil.

Die pseudoplutarchischen Schriften.

Mit Recht nimmt Plutarch in Bezug auf Produktivität und Reichhaltigkeit seiner Schriften unter den Schriftstellern der gesamten Gräcität eine hervorragende Stelle ein; denn ein Blick auf die immense Anzahl seiner uns noch erhaltenen Schriften wird klar erkennen lassen, dass nur ausserordentliche geistige Begabung, vor allem aber auch phänomenaler, rastloser Fleiss und staunenswerte Schaffenskraft ein solches ἄπειρον τῶν βιβλίων [1]) hervorzubringen im stande war. Zwar sind von den sogenannten Moralia nur 83 Schriften, von den Biographien 23 Parallel- und 4 Einzelbiographien vorhanden, doch macht dies nur einen Bruchteil der sämtlichen plutarchischen Schriften aus; so z. B. sind uns umfangreiche Fragmente von 24 Schriften erhalten, als deren Verfasser mit Bestimmtheit Plutarch genannt wird (cf. Volkmann pag. 104 ff.) Ferner erwähnt unser Autor selbst verschiedene Schriften, die er verfasst hatte, von denen aber nichts mehr erhalten ist, z. B. eine Schrift gegen Chrysipp, über die platonische Weltschöpfung, über die Jagd, dann mehrere Biographien, wie die des Epaminondas, der beiden Scipionen, des Leonidas etc. (vergl. Westermann, de Plut. vita et script. comment. p. XXI). Endlich weist der sog. Lampriaskatalog, der das Verzeichnis der plutarchischen Schriften enthält, obwohl am Schlusse eine Lücke vorhanden ist, dennoch 210 Nummern auf, ein Beweis, wie reichhaltig dieser Katalog ge-

---

[1]) Über diese schriftstellerische Fruchtbarkeit äussert sich Suidas s. v. Φαβωρῖνος: ἀντεφιλοτιμεῖτο καὶ ζῆλον εἶχε πρὸς Πλούταρχον τὸν Χαιρωνέα ἐς τὸ τῶν συνταττομένων βιβλίων ἄπειρον.

wesen sein muss. Mag nun auch, wie wir gleich sehen werden, Katalog auf Echtheit keinen Anspruch haben, so dass seine Angaben nur sehr zweifelhafter Natur sind, so dürfen wir doch nicht a priori sämtliche in diesem Verzeichnisse angegebenen Schriften als Fiktionen des Verfassers des Kataloges hinstellen; es bleiben also auch hier wieder Schriften übrig, deren Abfassung mit Recht auf Plutarch zurückgeführt werden muss. So konnte es denn auch nicht ausbleiben, dass bei diesem Chaos von Schriften im Laufe der Zeit manche verloren gingen, dafür wieder andere, die unecht waren, in den Kanon der plutarchischen Schriften sich einschlichen; denn das ist die naturnotwendige Wirkung eines grossen Geistes auf seine Zeit, dass er das Auftreten einer Menge von Schülern und Nachahmern erzeugen muss, die alle in Wort und Schrift ihrem geistigen Vorbilde möglichst nahe zu kommen bestrebt sind. Wie leicht konnte es also da geschehen, dass die minderwertige Nachahmung eines Schülers oder auch, was in der spätgriechischen Zeit nicht selten war, eines gewissenlosen Fälschers oder Plagiators von Leichtgläubigen für ein Werk des Meisters gehalten und als solches ausgegeben wurde. Gerade hierin muss meines Erachtens ein wichtiger Grund für die grosse Anzahl der vorhandenen unechten plutarchischen Schriften gesucht werden.[1]

Wie Suidas, der bekannte Lexikograph des 10. Jahrhunderts, berichtet[2]), soll ein Sohn unseres Autors, Namens Lamprias, nach dem Tode des Vaters ein Verzeichnis, $\pi i \nu a \xi$, der von seinem Vater verfassten Schriften gefertigt haben, das uns in dem schon oben erwähnten Lampriaskatalog erhalten sein soll; jedoch hat Suidas, wie so häufig in seinen literarhistorischen Ausführungen, nur gefabelt; denn ein Sohn des Plutarch, Namens Lamprias wird nirgends in den plutarchischen Schriften erwähnt, während doch unser Autor mannigfache Aufschlüsse über seine Familienverhältnisse[3]) gibt, und ohne Zweifel hätte er auch von diesem Sohne Erwähnung gethan; es ist also die Autorschaft Lamprias' für diesen Katalog eine Dichtung und der Katalog selbst ein Falsifikat irgend eines »fingerfer-

---

[1]) Ohne Zweifel entstand auch durch Verwechslung mit anderen Autoren gleichen Namens, z. B. dem Neuplatoniker Plutarch (4. Jahrh.) Unsicherheit bezüglich der Authentie der dem Plut. zugeschriebenen Schriften.

[2]) s. v. *Λαμπρίας Πλουτάρχου τοῦ Χαιρωνέως υἱός· ἔγραψε πίνακα, ὧν ὁ πατὴρ αὐτοῦ ἔγραψε περὶ πάσης Ἑλληνικῆς καὶ Ῥωμαικῆς ἱστορίας.*

[3]) So erfahren wir an verschiedenen Stellen der plut. Schriften, dass Plutarchs Grossvater Lamprias hiess, dass seine Gemahlin Eudoxia ihm 4 Söhne, Chäron, Autobulos, Plutarchos und Soclaros, und eine Tochter, Timoxena, gebar u. s. w.

Kompilators. Und wie Schäfer, Wachsmuth und andere[1]) nachgewiesen haben, ist dieser Kanon um die Mitte des 9. Jahrhunderts, unter der Regierung des grossen, literarischen Bestrebungen zugethanen Kaisers Konstantin Porphyrogennetus aus einer byzantinischen Excerptensammlung entstanden; denn mit Vorliebe verfassten die Gelehrten jener Zeit, zumal der byzantinischen Periode, solche pinakographische Schriften. Man kannte also schon damals viele Schriften Plutarchs nicht mehr, sondern benützte nur dürftige Auszüge aus denselben, wie dies Photius in seiner Bibliothek (CCXLV) bezeugt: ἀνεγνώσθησαν ἐκ τῶν Πλουτάρχου παραλλήλων διάφοροι λόγοι ὧν ἡ ἔκδοσις κατὰ σύνοψιν ἐκλέγεται διάφορον χρηστομαθίαν.

Jnfolge dieser Excerpte aber wurden die Originalwerke allmählich verdrängt und gingen verloren oder es wurden an Stelle derselben oft schülerhafte Nachahmungen, sogenannte προγυμνάσματα, gesetzt, nachdem einmal die eigentliche Schrift untergegangen war. So wissen wir z. B. sicher, dass dem Johannes Stobaeus bei Abfassung seines uns noch erhaltenen Excerptenwerkes noch sehr viele, wenn nicht vielleicht alle plutarchischen Schriften vorlagen; denn er führt wiederholt Stellen aus plutarchischen Schriften[2]) an, welche der Katalog nicht enthält. Auch eine Stelle in dem Violarium der gelehrten Kaiserin Eudokia (11. Jahrhundert), welche Schrift gewöhnlich als Anhang zu dem Lexikon des Suidas betrachtet wird, lässt darauf schliessen; es heisst nämlich dort, p. 361 ed. Villoison, ἔγραψε scil. Plutarch δὲ πολλά, ὧν τὰ πλείω οὐχ εὑρίσκεται[3]).

Vergleicht man also den Lampriaskatalog mit dem Kanon der noch erhaltenen plutarchischen Schriften, so sieht man ein, wie geringe Bruchstücke von dem Corpus Plutarcheum auf uns gekommen sind. Und selbst diese Sammlung in ihrer jetzigen Gestalt enthält noch vieles Unechte oder nur dürftige Auszüge aus verloren gegangenen plutarchischen Schriften. Schon die planlose Reihenfolge der einzelnen Schriften, die ohne Rücksicht auf Jnhalt und Entstehungszeit aneinander gefügt sind — seit der editio princeps durch Stephanus —

---

[1]) **Schäfer**, commentatio de lib. dec. orat., Dresden 1844, pag. 27; **Wachsmuth**, Philol. 18, 577 ff; vergl. auch Treu, der sog. Lampriaskatalog der Plutarchschriften, Waldenburg 1873.

[2]) So citiert Stobaeus in seinem Florilegium eine plutarchische Schrift κατὰ πλούτου, ferner Schriften wie περὶ ἔρωτος, κατὰ ἡδονῆς, περὶ ἡσυχίας, περὶ ὀργῆς, ὑπὲρ κάλλους etc. (cf. Volkmann pag. 106 ff.).

[3]) Allerdings scheint diese Schrift eine Fälschung eines griechischen Gelehrten zu sein, wie Nitzsche, Quaestiones Eudocideae Berlin 1868, nachweist.

lässt von vornherein klar erkennen, dass eine unkritische Hand Echtes und Unechtes in der uns überlieferten Sammlung im bunten Durcheinander zusammengewürfelt hat.[1])

So ist denn noch der sichtenden Kritik hier ein weites Feld geboten, um in diese colluvies scriptorum Klarheit und Ordnung zu bringen und auf der Basis eines erst zu schaffenden kritischen Apparates eine Sichtung der plutarchischen Werke vorzunehmen.

Bahnbrechend waren schon in dieser Hinsicht die trefflichen Arbeiten Reiskes und Wyttenbachs [2]); doch hat letzterer nur die ersten Schriften der Moralia behandelt, da ihn bei diesem schwierigen Werke der Tod ereilte. Jhnen schliesst sich in neuerer Zeit Volkmann an, unstreitig neben Wyttenbach der bedeutendste Kenner Plutarchs; doch legt er in seinen Untersuchungen zu sehr auf die philosophisch-ästhetische Seite Gewicht, während er das sprachliche Moment fast nicht betont[3]). Ausserdem sind hier noch Hercher, Lahmeyer, Meineke, Dinse, Schäfer etc. zu nennen, welche nur einzelne Schriften behandeln; sie werden bei Besprechung der betreffenden Schriften erwähnt werden.

Jm Nachfolgenden nun soll der Versuch gemacht werden, aus den im ersten Teile der vorliegenden Abhandlung gefundenen sprachlichen Beobachtungen und Kriterien die Echtheit oder Unechtheit einer Schrift zu erweisen; dass dabei auch andere, ausserhalb der sprachlichen Betrachtung liegende Gesichtspunkte eingehend gewürdigt werden müssen, erfordert das Ziel einer gleichmässigen und einheitlichen Prüfung.

An der Spitze der Moralia steht die für pädagogische Fragen nicht ganz unwichtige Schrift:

$Περὶ\ παίδων\ ἀγωγῆς.$

Bis zum 16. Jahrhundert galt sie wegen ihres dem Charakter der plutarchischen Schriftstellerei entsprechenden Jnhaltes für echt, indem man sie, um die vielen in ihr hervortretenden Mängel zu erklären, für

---

[1]) Mit Recht sagt daher Willamowitz-Möllendorf, Herm. 25, 207 Anm.: Der künftige kritische Herausgeber hat die Verpflichtung, die Aldina d. h. die von Aldus geschaffene Ordnung wieder herzustellen.

[2]) Plutarchi Moralia ed. Reiske, Lipsiae 1774; ferner Wyttenb., animadversiones in Plut. Leipzig 1820.

[3]) Allzu schnell urteilt Volkmann über sprachliche Untersuchungen, wenn er (pag. 112) behauptet: die sachlichen Gründe entscheiden in den meisten Fällen genügend über Echtheit oder Unechtheit einer Schrift; im diametralen Gegensatze zu ihm befindet sich Dinse, Beiträge z. Kritik der Trostschrift Plutarchs, Festschrift zur 3. Säkularfeier d. Berliner Gymn. z. grauen Kloster p. 146.

eine Jugendschrift Plutarchs hielt. Doch schon Muret[1]), der sich mit der Untersuchung derselben befasste, zog ihre Echtheit in Zweifel, bis endlich Wyttenbach erschöpfend nachwies, dass sie keine Jugendschrift Plutarchs sei, überhaupt von ihm nicht herrühre, sondern wahrscheinlich ein γύμνασμα eines seiner Schüler sei: darauf weise auch der Schluss der Schrift (M.14C) hin, der gleichsam als Unterschrift Plutarchs gelten könne.

Benseler[2]) lässt sonderbarer Weise die Echtheitsfrage unentschieden, obwohl die Schrift 14 zum Teil schwere Hiate aufweist. Jedoch muss sie ohne allen Zweifel Plutarch abgesprochen werden, wie dies der sprachliche und nicht minder der sachliche Charakter deutlich zeigt.

Ausser den schon von Wyttenbach (animadv. I. B. p.1—106) vorgebrachten Beweisen führe ich noch folgende sprachliche Jndicien an:

Die Form der disjunktiven Konjunktion ἤτοι — ἤ M.1D findet sich bei Plutarch nie; nur in einer gleichfalls unechten Schrift consol. ad Apollonium M.109D erscheint sie.[3])

Den demonstrativen Gebrauch des Artikels in M.2C τῶν ὅσοι τετυχήκασιν hat sonst nur der pseudoplutarchische Traktat de fato M. 573A (vergl. I.T.pag. 24).

Der Optativ in einem Koncessivsatze mit κἄν wie M.5A,6F κἄν προτείνειε τὴν χεῖρα, κἄν λυθεῖεν ist unplutarchisch (cf. I.T.pag.35).

Die Häufung des Dualis M.8A. δυοῖν ὄντοιν μεγίστοιν ἀγαθοῖν spricht völlig gegen Plut., da dieser Casus überhaupt nur 20mal bei Plut. erscheint, meist bei Aufzählung zweier enge zusammengehöriger Dinge, z. B. τὼ χεῖρε, τὼ ὀφθαλμώ.

Die demosthenische Form φανήσομαι mit Particip M.10D φανήσονται πεποιηκότες gebraucht Plut. nicht, sondern stets das Medium φανεῖται, etc. mit Jnfinitiv.

M.11D τῇδε κἀκεῖσε hat Plut nie, dafür findet sich immer ἐκεῖσε κἀκεῖσε, z. B. Dem. 27,21.

Ferner weicht auch der Gebrauch der einzelnen Wortformen sehr von der bei Plut. beliebten Manier ab:

---

[1]) Var. lect. XIV,1; über die Geschichte der Kritik der plutarchischen Schriften siehe die Einleitung zu der Ausgabe d. Moralia v. Wyttenbach pag. I—CXXIV.

[2]) Jn der schon citierten Schrift pag. 422.

[3]) M.1C Κλεόφαντον γοῦν τὸν Θεμιστοκλέους κτλ. muss offenbar Διόφαντον korrigiert werden, was Bernard.ohne ersichtlichen Grund unterlässt.

So weist die in ihrem Umfange sehr mässige Schrift gegen 50 ἅπαξ λεγόμενα auf, meist neugebildete Wörter, die sich nur in unserem Traktate finden.[1])

Ebenso ist die rhetorische Technik sowohl hinsichtlich der rhetorischen Floskeln als auch des grammatischen Aufbaues der einzelnen Sätze völlig unplutarchisch: Nirgends finden sich z. B. bei Plut. Ausdrücke wie M. 1 F ἐχόμενον δ'ἂν εἴη τούτων εἰπεῖν, 3 C περὶ δὲ τροφῆς ἐχόμενον ἂν εἴη λέγειν, 6 B μαρτυρεῖ μου τῷ λόγῳ, 6 D ὡς ἡμῖν ἀκούειν παραδέδοται, 8 F ταῦτα μὲν δὴ τῷ λόγῳ παρεφορτισάμην, 12 F ἀνακάμψω τὸν λόγον etc. Unplutarchisch ist ferner die Jnterjektion M. 4 D ὦ Ζεῦ καὶ θεοὶ πάντες. Plut. gebraucht für den Dichter κατ' ἐξοχήν, für Homer, häufig den Ausdruck ὁ ποιητής, in unserer Schrift dagegen steht er auch für Euripides, aus dem der Vers (M. 1 B) genommen ist.

Besonders auffällig und abweichend von der schmucklosen, jeden rhetorischen Prunk verschmähenden Stilgattung Plutarchs sind auch die zahlreichen rhetorischen Floskeln, mit denen der Autor der vorliegenden Schrift die einzelnen Partien seiner Argumentation einleitet; gesucht und deshalb oft lästig sind die vielen Antithesen und Figuren, ja geradezu abgeschmakt scheinen die Citate, die immer und immer wiederkehren und nur die Belesenheit des Autors dem Leser zeigen sollen. Wie trivial und nichtssagend sind die angeführten Sprichwörter, z. B. 2 D σταγόνες ὕδατος πέτρας κοιλαίνουσιν, 5 D πλοῦτος τίμιον, ἀλλὰ τύχης κτῆμα, etc.; es folgen an dieser Stelle noch 6 weitere Sentenzen. Ganz ungeschickt endlich erscheint uns das geistlose Aufzählen der pythagoreischen Lebensregeln (12 D, E), zudem an einer Stelle, wohin sie wegen ihres Jnhaltes gar nicht passen. Nichts also erinnert in unserer Schrift an die formvollendete, jeder rhetorischen Ziererei abholde Ausdrucksweise Plutarchs.

Und wie die sprachliche Darstellung, so verrät auch die materielle Behandlung des Stoffes, vor allem die Argumentation völlig den unreifen, wenig geübten Deklamator. Zwar weisen auch die unter rhetorischem Einflusse entstandenen plutarchischen »Jugendschriften« grosse Freiheit in Bezug auf Komposition und Ordnung der gegebenen Argumente auf, z. B. die ohne Zweifel früh verfasste Deklamation de fortuna Romanorum, ebenso die beiden sich ergänzenden Schriften de esu carnium A und B; aber doch wie einheitlich gestaltet sich hier die Beweisführung,

---

[1]) Mit wenigen Auslassungen angegeben von Wyttenb. animadv. I, pag. 22.

wie logisch sind die einzelnen Teile derselben geordnet, wie schön weiss Plutarch die citierten Beispiele und Sentenzen mit seinen Ausführungen zu verflechten! Weit anders bei dem Autor der vorliegenden Schrift! Er begnügt sich damit, nur Gemeinplätze anzuführen, wie sie in jedem derartigen rhetorischen Lehrbuche zu finden waren oder er plündert die Schriften Platos, z. B. Plat. Menexen. 408 C, woraus der Gedanke M.1B καλὸς παρρησίας θησαυρὸς εὐγένεια stammt; Theaet. 118 H, hier 2 E; Leg.VII, 635G, hier 12B etc.; vor allem aber gaben ihm Aristoteles und Jsokrates reiche Ausbeute. (Näheres siehe Wyttenb. animadv. I. pag. 31—106).

Dabei schweift der Verfasser sehr häufig von seinem Thema ab und ergeht sich in spinösen Exkursen über das Sammeln von Büchern (8B), über die Verachtung der Schmeichler (13 A, B), über die Verheiratung leichtfertiger Söhne an wackere Frauen (13F) u. s. w. Wir sehen also, die ganze Schrift ist ein buntes Konglomerat von loci communes und Sentenzen, ausgeschmückt mit rhetorischem Flitter und Zierstoff, kurz, das Machwerk eines unreifen und unfertigen Autors; daher müssen wir Wyttenbach völlig beistimmen, wenn er diese Schrift als das γύμνασμα eines Schülers bezeichnet, der nach Sitte der damaligen Rhetorenschulen vielleicht unter der Leitung seines Lehrers — sei es Plutarch oder ein anderer, das kann nicht mit Bestimmtheit behauptet werden — ein solches Thema nach rhetorischer Manier bearbeitete; mit Plutarch jedoch hat sie nichts gemein.

Schwieriger gestaltet sich die Echtheitsfrage bei der gleichfalls angezweifelten Schrift:

Παραμυθητικὸς πρὸς Ἀπολλώνιον.

Bähr, der diese an einen uns unbekannten Apollonius gerichtete Trostschrift übersetzte, hält sie für echt, wenn er auch die Behandlungsweise des Stoffes bemängelt.

Weiter als dieser geht Wyttenbach[1]), der behauptet: Est omnino egregius liber, argumento, doctrina et sententiis plane Plutarcheus, sed adolescentis Plutarchi eum esse produnt stilus, ratio. Die entgegengesetzte Ansicht vertritt Volkmann,[2]) der unter ausführlicher Begründung seiner Behauptung unsere Schrift Plutarch abspricht; in diesem Verwerfungsurteile geht ihm schon Benseler[3]) voraus.

---

[1]) Animadv. II. Bd. pag. 24.
[2]) Commentatio de consolatione ad Apollonium pseudoplutarchea Halle 1867; Leben, Phil. und Schriften Plut. pag. 129 ff.
[3]) De hiatu in oratt. Atticis, pag. 430—32.

Gehen wir nach dieser kurzen Übersicht über die Urteile früherer Kritiker bezüglich der Authentie der vorliegenden Schrift zur Betrachtung derselben über!

Fürs erste ist es höchst auffällig, dass diese Schrift nirgends erwähnt wird; zwar führt der sog. Lampriaskatalog unter No. CIX eine Trostschrift mit dem Titel παραμυθητικὸς πρὸς Ἀσκληπιάδην an, doch ist diese ohne Zweifel von der unserigen verschieden[1]). Stobaeus citiert in seinem Florilegium eine Stelle aus unserem Traktate 103 A καὶ γὰρ περὶ τἀγαθόν κτλ., ohne dass er jedoch den Namen Plutarchs nennt; es ist daher eigentümlich, dass Wyttenbach diese Thatsache anführt (animadv. II. Bd. p. 24), aber dennoch gegen die Echtheit der Schrift kein Bedenken erhebt, wie er dies bei der vorher besprochenen Schrift περὶ παίδων ἀγωγῆς aus dem gleichen Grunde gethan (animadv. I. Bd. p. 5).

Weit bedenklicher aber erscheint der Umstand, dass dieser Apollonius von Plutarch auch in keiner einzigen Schrift erwähnt wird, was doch ganz gegen dessen Gewohnheit spricht, da ja bekanntlich unser Autor seine Freunde, zumal wenn er ihnen eine Schrift gewidmet hat, wiederholt in seinen Werken als Unterredner auftreten lässt oder wenigstens ihrer Erwähnung thut. Und doch zählt dieser Apollonius zu den intimsten Freunden Plutarchs, wie man aus dem fast familiären Tone schliessen muss, mit dem der Autor sich an den Adressaten wendet, z. B. 101 F ἀκούσας περὶ τῆς τοῦ προσφιλεστάτου πᾶσιν ἡμῖν υἱοῦ σου.; ähnlich 122 A.

Schon diese rein äusserlichen Gründe lassen die Autorschaft Plutarchs höchst fraglich erscheinen; deutlich aber erhellt die Richtigkeit dieser Ansicht aus dem sprachlichen Charakter der Schrift selbst, der nicht an dessen Schreibweise erinnert.

Gegen Plutarchs Sprachgebrauch ist der Konjunktiv bei μήποτε 106F μήποτε τοῦδε εἰκὼν ᾖ und 108D μήποτε ἀποφαίνηται[2]); auffällig ist hier 109 B auch die Bedeutung von εἰσῆλθε μήποτε m. Optativ = ἐννοεῖν μή.

Der Gebrauch des Artikels 109C,D τὸν φάναι findet sich in dieser prägnanten Bedeutung bei Plut. nicht.

Unplutarchisch ist ferner die Negation οὐ nach einem Verbum des Bittens 119A ηὐξάμην οὐκ ἀθάνατον οὐδὲ πολυχρόνιον γενέσθαι κτλ.

---

[1]) Der berühmte Humanist Höschel, dem wir die erste Ausgabe dieses Kataloges (16. Jahrhdt.) verdanken, emendiert eigenmächtig an dieser Stelle πρὸς Ἀπολλώνιον, indes ohne jeden ersichtlichen Grund.

[2]) Überhaupt ist diese Konstruktion bei Plut. sehr selten, im ganzen nur 3 Fälle (vergl. Stegmann, Negat. § 42a).

Die Form des Jnfinit. absol. 20 A τὸ δὲ σύμπαν εἰπεῖν erscheint in keiner anderen plut. Schrift; ebenso der hyperbolische Ausdruck 115 E μυρία ἐπὶ μυρίοις, den nur die unechte Schrift de lib. ed. aufweist.

Bedenklich ist endlich die Konstruktion von ἔχω m. Participium 104B βέλτιον δ᾽ ἂν εἶχεν ὄν, wenn nicht, was schon Wyttenbach[1]) vermutet, die Stelle verderbt ist: dasselbe gilt von der Aoristform 110 F τεύξασθαι, wo durch eine kleine Emendation (τεύξεσθαι statt τεύξασθαι) der Fehler gehoben werden kann.[2])

Desgleichen verraten die rhetorischen Floskeln nichts von der plutarchischen Ausdrucksweise, sondern sie sind ohne Ausnahme frostig, gesucht und zum Teil unattisch. So z. B. gebraucht Plutarch nirgends Ausdrücke wie:

τοιούτῳ λόγῳ χρῆσθαι = λέγειν 112 B, 118 B;
τοῦ χάριν ἐτραπόμεθα δεῦρο 104 D;
πρὸ διανοίας λαμβάνειν 118 D;
ἑλκύω in der Bedeutung von affero 106B; κινέω = attingo 117C.

Das Verbum φείδεσθαι = servare 114 C, 118 E φειδόμενος τῆς συμμετρίας τοῦ συγγράμματος lässt sich in dieser prägnanten Bedeutung nur hier nachweisen.

Ein Barbarismus ist 106 B φωνὴ ἡ οἰομένη; ebenso 107 A τὴν φύσιν δρῶσαν.

Überhaupt zeigt der stilistische Charakter der Schrift völlig den noch unreifen, unbeholfenen Schriftsteller, den empfänglichen und gelehrigen Rhetorenschüler, der mit allen Lehren und Feinheiten der rhetorischen Technik vertraut dieselben praktisch anzuwenden noch nicht versteht und darum durch Anführung von Dichtercitaten, durch Hinweise auf grosse Vorbilder in der Geschichte sowie durch reichliche rhetorische Ornamentik seine Unfertigkeit zu verdecken sucht.

Dabei tritt der eigentümliche, für unsere Untersuchung höchst bedeutsame Umstand zu tage, dass die vorliegende Schrift mit dem

---

[1]) Wyttenb. möchte βέλτιον δ᾽ ἂν ἔχειν, wie es der Sinn des Satzes verlangt, Bernard. hat nach Cod. Par. 1680 βέλτιον ἂν ἔχον ἦν; doch scheint beides überflüssig, da ohne Zweifel ὄν als Dittographie von εν aufzufassen ist.

[2]) Ebenso scheint auch 120 D τὸ παρὸν καίρια καὶ χρήσιμα κτλ. ein Fehler vorzuliegen; mehrere Codd., z. B. Par. A, B (nach Wyttenb.) haben hier πρὸς τὸ παρόν, was auch schon die editio princeps (Aldina) mit Recht aufgenommen hat.

schon oben besprochenen pseudoplutarchischen Traktakte περὶ παίδων ἀγωγῆς in Bezug auf stilistische Form und Manier ganz deutlich übereinstimmt; ich lasse einige besonders markante Beispiele folgen:

De educatione puerorum:

1A βέλτιον δ᾽ ἴσως παραθέσθαι
1B ὁ ποιητής = Euripides
2A ᾗ καὶ Διογένης φησίν
6C συμμετρία τοῦ λόγου

1D ἤτοι — ἤ
11A τοὺς ἄλλους παραλιπὼν μνησθήσομαι
3F Πλάτων ἔοικε παραινεῖν καλῶς κινδυνεύει παραινεῖν
6A σύμφωνος καὶ συνῳδός
10D πεποιηκότες φανήσονται
112A Hinweis auf frühere Aussprüche des Autors: πολλάκις κατεμεμψάμην κτλ.
13A ὅπερ διατελῶ λέγων πρὸς πολλούς κτλ.
13D Vergleich mit den Ärzten καθάπερ ἰατροὶ τὰ πικρά κλτ.
8B Als Exempla sind aufgeführt: Demosthenes, Pericles, Dion, Archytas, Epaminondas, Antigonus
12D, E Anführung pythagoreischer Sentenzen.

Consolatio ad Apollonium:

115B βέλτιον δὲ παραθέσθαι.
110E παρὰ τῷ ποιητῇ = Euripides[1]).
106F καὶ ᾗ ‘Ηράκλειτός φησιν.
108E114C, συμμετρία τοῦ συγγράμματος.
107D ἤτοι — ἤ[2]).
108F τοὺς ἄλλους ἀπολείψω, μνησθήσομαι.
112E πάνυ καλῶς ὁ Πλάτων ἔοικε παραινεῖν.

116D σύμφωνος καὶ συνῳδός
111E ποθοῦντες φανήσονται ebenso:
118B τῶν λόγων οἷς ἐχρησάμεθά ποτε πρὸς φίλους ἢ συγγενεῖς.

102A οἱ βέλτιστοι τῶν ἰατρῶν κτλ.

118D Demosthenes, Pericles, Antigonus, Xenophon, Anaxagoras[3]).

116E, F Hinweis auf einen Ausspruch des Pythagoras.

---

[1]) Die hier angegebenen Verse stammen aus einem verloren gegangenen Drama Euripides' Hypsipele.
[2]) Erscheint nur in unechten Schriften, wie oben schon bemerkt.
[3]) Aelian, var. hist. III,2 ff nennt die nämlichen Beispiele und zwar fast in derselben Reihenfolge, woraus man wohl auf die Benützung ein und derselben Quelle durch Älian und den Verfasser der vorliegenden Schrift schliessen muss.

Diese wenigen Beispiele mögen genügen. Sie werden uns wohl zu dem Schlusse berechtigen, dass beide Verfasser, wenn nicht identisch, so doch dieselbe rhetorische Schulung und Bildung genossen, welche sie in stand setzte, allgemeine Themata, besonders aus dem γένος παραινετικόν stilgerecht zu behandeln und durch Einflechtung zahlreicher Sentenzen, Excerpte, loci communes etc., so auszuschmücken, dass ein unbefangener Leser diese »aufgeputzten« Schülerprodukte leicht für eine Jugendschrift Plutarchs halten kann, wie es sonderbarer Weise Wyttenbach mit der vorliegenden Schrift gethan.

Abweichend von der plutarchischen Manier ist ferner die Art und Weise, wie unser Autor bei Anführung von Citaten verfährt: vor allem liebt er es, nicht den Namen des Gewährsmannes zu nennen, sondern er hält sich sehr häufig in unbestimmten Ausdrücken wie ὁ εἰπών 106C, 107E, 108E, ὁ κωμικός 105F, τῶν κωμικῶν τις 110E, τὶς τῶν ἀρχαίων φιλοσόφων 112A, νομοθέτης τῶν Λυκίων 112F etc.

Und während Plutarch die angeführten Citate geschickt in seine Darstellung einzuflechten versteht, sind sie in unserer Schrift nur lose angeführt und bilden so keinen integrierenden Bestandteil; dazu kommt aber noch der Umstand, dass diese Citate ins Masslose gehen; so z. B. sind mehrere Male, 103 C, D, E, 114 A, B, 121 C, 14—18 Verse aufgeführt, was bei Plutarch in keiner Schrift, selbst nicht in solchen erscheint, die anerkanntermassen als Jugendschriften gelten; nur eine einzige, gleichfalls unechteSchrift, ὑπὲρ εὐγενείας, weist dieselbe Erscheinung auf. Zwar verteidigt Wyttenbach[1]) diese Überfülle von Citaten »Credo iuvenis recens'a lectione optimorum auctorum sententias inde collectas effundebat sacco, non manu spargebat.« Doch warum hätte Plutarch nur in unserer Schrift seine Belesenheit zeigen sollen? War er nicht auch bei Abfassung der in die früheste Periode seiner schriftstellerischen Thätigkeit fallenden Schriften ein iuvenis recens a lectione optimorum auctorum?

Wie die sprachliche Seite, so erregt auch der Jnhalt gerechtes Bedenken gegen die Autorschaft Plutarchs.

Vor allem muss der Umstand befremden, dass weitaus der grösste Teil der Schrift nur eine getreue Wiedergabe der bekannten Trostschrift περὶ πένθους des Philosophen Krantor ist. So hat unser Autor aus derselben entlehnt — mit Zuhilfenahme des I. und III. Buches der Tusculanae, in denen Cicero die ebengenannte Trostschrift übersetzt hat, lässt sich leicht eine Ausscheidung vornehmen — 102B, C, 104B,

---

[1]) Mor. tom. I, pag. 858.

106 D[1]), 108 F, 109 A[2]), D,[3]), 110 F[4]), 111 C, 115B, 119B, 120 B. Fügen wir dann die zahlreichen loci communes, mit denen der Verfasser seine Schrift förmlich überladen hat, sowie die umfangreichen Dichtercitate und Autorenstellen hiezu, die unsere Schrift, wie schon erwähnt, enthält, so bleibt fast nichts übrig; was man als Eigentum des Verfassers bezeichnen kann.

Und selbst dieses Wenige enthält in Bezug auf Komposition manche Ungereimtheiten, wie sie einem Plutarch, selbst in seiner Jugendperiode, nicht zugestossen wären. So z. B. klingt es sonderbar, wenn der Verfasser unserer Trostschrift gleich im Eingange derselben förmlich entschuldigend sagt (102 A): ὑπὸ τὸν τῆς τελευτῆς καιρὸν ἐντυγχάνειν σοι καὶ παρακαλεῖν ἀνοίκειον ἦν, obwohl doch der Freund gerade in dieser Zeit am meisten des Trostes bedurft hätte, wie dies auch sofort zugestanden wird παρειμένον τότε σῶμα καὶ τὴν ψυχὴν ὑπὸ τῆς παραλόγου συμφορᾶς, also eine contradictio in adiecto. Ferner wie frostig und des tragischen Geschickes seines Freundes völlig unwürdig muss es erscheinen, wenn der Autor gesteht (120B) καλῶς ἔχειν ὑπέλαβον τῶν παραμυθητικῶν σοι μεταδοῦναι τῶν λόγων, ebenso 121E ταῦτα σοι συναγαγών, Ἀπολλώνιε φίλτατε, καὶ συνθεὶς μετὰ πολλῆς ἐπιμελείας ἀπειργασάμην τὸν παραμυθητικόν σοι λόγον niemals wird ein Freund in solch' gleichgültigem und eine gewissse Eitelkeit verratendem Tone zu seinem trauernden Freunde sprechen.

Ebenso lassen die vielen Wiederholungen in unserer Schrift die Unfertigkeit und Unbeholfenheit des Autors erkennen; z. B. kehrt der Gedanke, dass ein frühzeitiger Tod schmerzlich ist, in verschiedenen Variationen wieder; so erscheint der Vergleich mit den τραπεζῖται an zwei Stellen (106 F und 116 A); der bekannte Ausspruch des Simonides: στιγμὴ χρόνου πᾶς ἐστιν ὁ βίος wird dreimal angeführt (104A, 116D und 117E), der vage Trostspruch, dass man das Unglück geduldig ertragen müsse, wird ebenso häufig vorgeführt etc. Selbst Wyttenbach muss daher zugestehen: Distributio materiae aut vaga aut nulla, ja er tadelt ebenfalls den Verfasser, wenn er zu der Stelle (118D) εὐθὺς μετὰ τὴν προσαγγελίαν ἀμφοτέρων τῶν υἱῶν κτλ. zugibt: nunc praetermittimus, siquidem totus libellus curiosam habet compositionem.

---

[1]) Τί γὰρ τὸ χαλεπόν κτλ; die sich kurz wiederholenden, nach der Manier der Philosophen gestellten Fragen deuten offenbar nicht auf Plutarch.
[2]) cf. Cic. Tusc. I, 47.
[3]) cf. Cic. Tusc. I, 5; kann nicht direkt aus Plat. Apol. 368G stammen.
[4]) cf. Cic. Tusc. III, 25.

Endlich beweisen auch einige Widersprüche, die unsere Schrift zu anderen Berichten Plutarchs enthält, deutlich die Unechtheit derselben: So heisst es (1,18E), Pericles sei bei dem Tode seiner beiden Söhne Paralus und Xanthippus mit einem Kranze geschmückt in die Volksversammlung gegangen und habe dort lebhaften Anteil an den Beratungen genommen; doch anders lautet die Erzählung über das Verhalten des Pericles bei Plutarch (Vit. Per. 36); ebenso ergeben sich, wenn auch weniger scharf hervortretende Gegensätze in den Berichten über Dion und Demosthenes (118 B, C) und denen bei Plutarch (Vit. Dion. 55 und Dem. 22). (Näheres siehe bei Volkmann 141 ff.)

Ausser diesen im Vorausgehenden angegebenen Kriterien spricht endlich auch die Vernachlässigung des Hiates gegen die Authentie der vorliegenden Schrift; Benseler zählt 77 meist schwere Hiate.

Ebenso muss auch der häufige Gebrauch von τε καί, wie Muhr (Rh. Mus. 35, 584 ff) nachgewiesen hat, die Unechtheit derselben beweisen; es erscheint nämlich τε καί in der verhältnismässig kleinen Schrift 12mal.

Gehen wir zu einer anderen, gleichfalls wegen ihrer Echtheit viel umstrittenen Schrift über:

$$\Sigma \nu \mu \pi \delta \sigma \iota o \nu \ \tau \tilde{\omega} \nu \ \dot{\epsilon} \pi \tau \dot{\alpha} \ \sigma o \varphi \tilde{\omega} \nu.$$

Jn den ersten Jahrhunderten nach Plutarch galt unsere Schrift allgemein als echt und wurde von Excerptoren häufig ausgeschrieben; so citiert Thomas Magister in seiner bekannten ἐκλογὴ ὀνομάτων Ἀττικ. s. v. Ζώνιον, die Stelle M. 154 B, ὥσπερ ἕτερα ζώνια καὶ κεκρυφάλους προβάλλειν κτλ. zugleich mit dem Lemma Πλούταρχος ἐν συμποσίῳ τῶν ἑπτὰ σοφῶν. Auch Stobaeus führt mehrere Apophthegmen aus der vorliegenden Schrift an, Flor. t. II. p. 135, 258, t. III p. 138, allerdings ohne den Namen des Autors zu nennen. Volkmann will dies als Beweis gegen die Echtheit betrachten, jedoch ohne Berechtigung; denn Stob. hat überall bei seinen Citaten hinzugefügt: τῶν ἑπτὰ σοφῶν περὶ πολιτείας, ebenso τῶν ἑπτὰ σοφῶν περὶ τῆς κατὰ τὰς οἰκίας ἐπιμελείας, womit ohne Zweifel nur ein und dasselbe Werk gemeint sein kann.

Erst Reiske[1]) war es, welcher gegen die Echtheit Bedenken erhob, da sie »weit von xenophontischer Feinheit abstehe«; ihm schloss

---

[1]) Animadv. in Plut. Mor. ad. Graec. auct. Vol. II Leipzig 1776.

sich Meiners[1]) an. Jn neuerer Zeit hat Volkmann[2]) dieses Verwerfungsurteil nochmals ausgesprochen, wobei er am Schlusse seiner sehr hypothetisch gefärbten Argumentation zu dem Resultate kommt: »die ganze Schrift sei ein Produkt späterer Sophistik.« Doch können wir dieser Ansicht Volkmanns, zudem er in seiner Hyperkritik vieles in die vorliegende Schrift hinein interpretiert hat, was sie überhaupt gar nicht enthält, in keiner Weise beistimmen.

Vor allem zwingt der sprachliche Charakter unserer Schrift zu der unumstösslichen Annahme, dass wir in dem συμπόσιον ein echtes plutarchisches Werk besitzen; denn es lässt sich auch keine einzige sprachliche Diskrepanz nachweisen, wie im Nachfolgenden gezeigt werden soll:

147 A οὐδὲ φεύγει τὸ φίλος εἶναι statt τὸ μὴ οὐ φίλος εἶναι entspricht dem plutarch. Gebrauche (cf. I. T. p. 33).

Der Optativ ohne ἄν, 147B ἀποκρίναιο, φαίης erscheint auch bei Plut.; ebenso hat auch der Gebrauch des Optativs nach einem präsentischen Tempus 147 E οἱ Συβαρῖται τὰς κλήσεις ποιοῦνται ὅπως ἐκγένοιτο nichts Auffallendes, da dies auch bei Plut. sich findet (cf. I. T. p. 32).

147 F ἥκει ἐμπλῆσαι, venit ut impleat entspricht völlig dem plut. Sprachgebrauch (cf. I. T. p. 29), ähnlich 151 D ὥρμησε περιβάλλειν. M. 148 E ἔοικε καὶ φαίνεται hat Bernard. ohne Grund in εἶε καὶ φαίνεται emendiert; denn bekanntlich liebt Plut. die Verbindung synonymer Verba, z. B. ἄγασθαι καὶ θαυμάζειν (cf. Herrmann quaest. crit. de Plut. Mor., Halle 1875 pag. 7).

149 D Die Konstruktion προσέβλεψε τῷ νεανίσκῳ (προσβλέπω c. Dat.) hat auch Plut. (cf. I.T. p. 25).

Die Form der Temporalsätze 148 A οὐ πρότερον ὡμολόγησεν ἢ πυθέσθαι sowie 149 E πρινὴ τὸ πρῶτον ἐξιλάσασθαι kennt ebenso der plut. Sprachgebrauch (cf. I. T. p. 36).

Die Anwendung des Imperfektes 149 E ἀπηλλάττετο statt des Aorists ist gleichfalls plutarchisch (cf. I. T. p. 27).

151 A εἰ δέοι, πρὸς τοιαύτας ἀποκρίσεις hat Bernard. die Emendation Herchers εἰ δεῖ aufgenommen; doch es muss wegen des vorangehenden ἄν τις προκινδυνεύσειεν der Optativ εἰ δέοι bleiben.[3])

---

[1]) Geschichte d. Wissensch. in Griechenland u. Rom, Lemgo 1781 I. Bd. pag. 120 ff.
[2]) pag. 188 ff.
[3]) Auch gebraucht Plut. niemals εἰ δεῖ als Parenthese, wohl aber ὡς δεῖ, ἃ δεῖ; schon Wyttenb. verlangt hier eine Athetese, wenn er zu unserer Stelle sagt: εἰ δεῖ in parenthesi acceptum a Xylandro friget.

Der Konjunktiv ohne ἄν, 151 D ἕως ἐκπίνῃ¹) ist sowohl in der späteren Gräcität als auch bei Plutarch sehr häufig (Beispiele siehe I. T. p. 3).

Die Umschreibung des Superlativs durch μάλιστα, 152 A μάλιστ᾽ ἔνδοξος kennt der plut. Sprachgebrauch (cf. I. T. p. 21).

Charakteristisch für die Sprache Plutarchs ist das pleonastische ἀλλ᾽ ἤ statt des einfachen ἤ nach einer Negation oder negativen Frage (cf. I. T. p. 29); auch unser Autor hat diese Struktur nicht selten, z. B. 153 E, 163 F.

Der Gebrauch von ὅπως mit verb. fin. statt Jnfinitiv, 157 B δεῖσθαι τῆς ἑαυτοῦ μητρός, ὅπως ὑφάνῃ ist bei Plut. sehr verbreitet (Beispiele s. I. T. p. 32); dasselbe gilt auch von der Form des Acc. c. Jnf., 162 A ἑαυτὸν ὁ Γοργίας ἔφη πυθόμενον ἐκπέμψαι (cf. I.T. p. 31).

Übereinstimmend mit Plutarchs Sprachgebrauch ist ferner die Konstruktion 160 B πρὸς τὸ παρόν = πρὸς τοὺς παρόντας (cf. I. T. p. 7).

Gleichfalls plutarchisch ist die Anwendung der fig. etymologica in 159 C πᾶσαν φθείρεται φθοράν (Beispiele s. I. T. p. 25).

Die Form des Femininums δαιμόνιος statt δαιμονία, 161 C ὁρμῇ δαιμονίῳ erscheint bei Plut. durchgängig, z. B. Dem. 19,11 τύχη δαιμόνιος.

Nichts Auffälliges hat die Verbindung 162 B οὐ μηδεὶς αὐτοῖς πρόςεισιν, d. h. ein Adverbiale der Ruhe gesetzt zu einem Verbum der Bewegung; auch bei Plut. findet sich dies sehr häufig, z. B. Caes. 66,28 δεῦρο κἀκεῖ διαφέρων²).

Ferner zeigt die Phraseologie in ihrer Anwendung vollständig plutarchisches Kolorit; hiefür nur einige Beispiele:

Conviv. sap.	Plut. script.
147 B οὐδὲ οὕτω κακῶς	447 C οὐδ᾽ οὕτως, ἔφη, κακῶς
150 C ὑποδοχὴ καὶ κλῆσις	667 A τὴν ὑποδοχὴν καὶ κλῆσιν
151 C πρὸς αὐτῷ γενόμενος	Alex. 37,5 πρὸς αὐτῷ γενόμενος καὶ σιωπήσας
151 F τὴν μεγίστην καὶ τελειοτάτην ἀρχήν	671 D τῆς μεγίστης καὶ τελειοτάτης ἀρχῆς
149 B τὴν ἀτοπίαν τοῦ ἀνθρώπου θαυμάζοντος	548 B ὅσον τι θαυμάσαι τὴν ἀτοπίαν τοῦ ἀνθρώπου

[1] Bernard., dem dieser Gebrauch des Konjunktivs bei Plutarch unbekannt scheint, korrigiert fälschlich ἐκπίνει.

[2] Eben derselbe hat hier οἷ, doch ist diese Emendation unrichtig; das handschriftliche οὗ muss beibehalten werden.

163E ψυχῆς γὰρ ὄργανον τὸ σῶμα, θεοῦ δ' ἡ ψυχή etc. | 404B σῶμα μὲν ὀργάνοις χρῆται πολλοῖς, αὐτῷ δὲ σώματι ψυχή —, ψυχὴ δ' ὄργανον θεοῦ γέγονεν.

Endlich findet sich nicht selten, z. B. 149E, 155E, 164C die Umschreibung des einfachen Verbums durch ἔχω, verbunden mit einem Accusativobjekte, die Plut. nach Manier der Atticisten sehr gerne anwendet. (Beispiele siehe Lex. Plut. ed. Wytt. s. v. ἔχω.) Ebenso halten sich auch die Negationen (Stegmann, Negat. p. 33) genau in dem Rahmen des plutarchischen Gebrauches, so z. B. die Konstruktionen ὅτι μή, ἐπεὶ μή, ὅπως οὐ, εἰ οὐ — οὐ — οὐ (Näheres bei Stegmann).

Auch die Hiatfrage verdient hier eine nähere Erörterung.

Wie nämlich das sprachliche Material unserer Schrift beweist — auch Benseler[1]) kann trotz mancher Einwürfe nicht in Abrede stellen, dass der Hiatus im allgemeinen von dem Verfasser beachtet worden ist — hat der Autor der vorliegenden Schrift den Hiatus grösstenteils vermieden; aber dennoch finden sich 29 Hiate in derselben; wie lässt sich also diese Thatsache erklären?

Vor allem müssen jene Fälle als zulässige Hiate erklärt und deshalb nicht in Betracht gezogen werden, wo durch die Stellung des Artikels ein solcher entstanden ist (cf. I. T. p. 19), nämlich: 147F δ ὁ (Reiske ὧν ὁ), 149F ἤδη ὁ, 151E ἔφη ὁ, 154C ἔφη ὁ, 156A ἔφη ὁ, 159B ἔφη ὁ, 161E κύκλῳ ὁ.

Ferner lässt Plut. den Hiatus bei einer Pause zu; also können auch diese Fälle in der vorliegenden Berechnung unberücksichtigt bleiben, nämlich: 150C ὁρῶντι, ἐννοεῖν; 152C πεισθείη, ἤ; 154D συμβαλέσθαι, ἀρξαμένους; 154F οἴκου, ᾗ χρηστέον.

Endlich sind mehrere Stellen offenbar verdorben, wie:
152A εἰ ἐτελεύτησε (Cod. Harl. εἰ τελευτήσειε; 159E θύεται ἔτι (Reiske θύεταί τι); 163D θαλάττῃ ἔπεσθαι (Reiske interpungiert θαλάττῃ, ἔπεσθαι[2]).

Wie also aus dem Vorhergehenden ersichtlich ist, wird die Zahl der anstössigen Hiate bedeutend reduziert, so dass hieraus ein Kriterium für die Unechtheit unserer Schrift nicht gewonnen werden kann.

---

[1]) Jn der schon citierten Schrift pag. 484.
[2]) Entschieden zu weit in der Hiatfrage geht Lahmeyer, de libelli Plut., qui inscribitur do malignitate Herodoti et auctoritate et auctore, Göttingen 1848, pag. 90, wenn er den Hiat vor einem Vokale mit spiritus asper im Anfange eines Wortes zulässt.

Jedenfalls aber darf mit Recht behauptet werden, dass in ihr nicht mehr Hiate sich finden als in jeder echten plutarchischen Schrift.

Fassen wir also die sprachlichen und stilistischen Indizien hier am Schlusse kurz zusammen, so kommen wir zu dem Resultate: Diese Schrift enthält in Hinsicht auf Sprache und rhetorische Technik nichts, was dem Wesen und dem Charakter der plutarchischen Diktion irgendwie widerspräche. Es ist daher unbegreiflich, dass ein so genauer Kenner Plutarchs wie Wyttenb.[1]) von der vorliegenden Schrift behaupten konnte: Stilo et oratione paulum differt ab aliis Plutarchi scriptis, sed ita, ut Plutarchus tamen agnoscatur. Doch im Gegenteil, sie verrät in sprachlicher Hinsicht sowie in ihrer Anlage und ihrem Charakter ganz die Ausdrucks- und Behandlungsweise Plutarchs.

Ebenso irrt Meiners, wenn er behauptet, der Stil unserer Schrift sei zwar nicht schlecht, aber man vermisse die Fülle und den Reichtum an treffenden Bildern und Gleichnissen, wie dies sonst bei den plutarchischen Schriften der Fall sei. Seine Behauptung wird jedoch durch die Schrift selbst widerlegt; denn wir haben verschiedene Citate und Anspielungen auf Homer und Hesiod, z. B. 154 A, 156 E, 157 F, 160 A, 164 C, D; ein Citat aus Archilochus (152 E); ein Distichon Solons (155 F); dann mehrere Rätsel und Orakelsprüche, so die beiden Rätsel der Eumetis (150 E und 154 B); ferner einige Fabeln Aesops, der an dem Gastmahle selbst teil nimmt etc.; also eine Menge von Sprüchen, Anekdoten, Anspielungen und Einfällen, wie sie eben heitere Laune und anregende Unterhaltung bei einem Gastmahle hervorbringen muss. Und abgesehen davon, welche Dichter hätte der Autor unserer Schrift noch anführen sollen, zumal das συμπόσιον in das 6. Jahrhundert verlegt ist? War nicht der glückliche Griff, die 7 Weisen als Teilnehmer des Gastmahls einzuführen, allein schon hinreichend, bunte Abwechslung und die reichste Ornamentik zu erzielen? Damit fällt auch ein anderer Einwand in sich zusammen, den sowohl Meiners als auch Volkmann gegen die Disposition erhoben haben, indem sie in völliger Verkennung der Idee, welche uns der Autor in seiner Schrift geben wollte, behaupten: die Anordnung der Gedanken sei verworren und künstlich, ja manche Aussprüche und Anekdoten seien „förmlich mit den Haaren beigezogen." Liegt es ja doch ganz in der Natur eines Sympo-

---

[1]) Animadv. I. Bd. pag. 201.

sions, dessen Teilnehmer durch Fragen und Antworten, Rätsel und Kontroversen das Mahl zu würzen suchen, dass eine streng logische Disposition nicht eingehalten werden kann und soll. Und an mehreren Stellen der Schrift können wir denn auch erkennen, dass die Unterhaltung in freien, ganz einer ungezwungenen Konversation angemessenen Bahnen sich bewegt, z. B. 154 A ἐτράποντο πρὸς τοιαύτας ἐρωτήσεις καὶ προὐβάλλομεν, ὥς φησι Λέσχης, Μοῦσά μοι κτλ. Das beweisen auch die verschiedenen, mit kleinen Überraschungen ausgefüllten Pausen, welche das Gespräch erleidet, so z. B. durch die Vorlesung des Briefes, den Amasis an den Weisen Bias geschrieben hat (151 B), durch das Fortgehen der beiden Flötenspielerinnen Eumetis und Melissa (155 E),[1]) durch das plötzliche Erscheinen des Gorgias, des Bruders von Periander (160 C, D) sowie durch seine Erzählung von der wunderbaren Rettung des Citharöden Arion (160 E, F, 161 A — 162 C). Ja ich möchte sogar gerade im Gegensatze zu der Behauptung Meiners und Volkmanns in dieser Freiheit und künstlerischen Regellosigkeit der Disposition, in der Ausschmückung der sonst allzu einförmig hinfliessenden Rede durch Exkurse und Episoden einen Vorzug unserer Schrift erblicken. Zudem passt dieser reiche Apparat von Sentenzen, Anekdoten, gelehrten Ausführungen trefflich zu dem Charakter der plutarchischen Schreibweise, zu seiner ausgesprochenen Neigung für das Sentenziöse und Anekdotenhafte.

Zu weit geht auch Volkmann, wenn er behauptet, die Hereinziehung der Erzählung von der Rettung Arions sei tadelnswert; ich muss sie vielmehr als ganz dem Orte und den Personen unseres Gesprächs passend verwendet bezeichnen; denn in Korinth findet das Symposion statt, der Gastgeber ist Periander, der Tyrann dieser Stadt; ebenso kommt Arion nach Korinth, auch er findet bei Periander Aufnahme; was lag also dem Autor unserer Schrift näher als die Einflechtung dieser Episode zumal mit Rücksicht auf den Tyrannen Periander?

Geradezu als lächerlich jedoch kann es bezeichnet werden, wenn Volkmann die Worte Solons 159 C, D ἆρ' οὖν οὐκ ἄξιον, συνεκτεμεῖν ἀδικίᾳ κοιλίαν καὶ στόμαχον καὶ ἧπαρ κτλ. im buchstäblichen Sinne auffasst und dann verzweifelt fragt: Dabei soll der Mensch noch am Leben bleiben? Wie endlich derselbe aus 159 C θακοῦντες τὰ ἔμψυχα καὶ τὰ φυόμενα τῷ τρέφεσθαι καὶ αὔξεσθαι μετέχουσι τοῦ ζῆν

---

[1]) Dass Frauen nicht selten an einem Gastmahle teil nahmen, obwohl dies im allgemeinen der griechischen Sitte widersprach, beweist Mor. 712 E; ohne Grund also tadelt dies Meiners in unserer Schrift.

ἀπολλύντες ἀδικοῦμεν den Gedanken herausnimmt, der Mensch solle sich überhaupt der Nahrung entwöhnen, ist mir rätselhaft; denn hier wendet sich doch Plutarch, der Solon seine Ansicht über das Genussleben des Menschen aussprechen lässt, nur gegen das grausame, oft unnötige Hinschlachten der Tiere, welchen Gedanken auch die beiden sehr rhetorisch gefärbten Traktate Plutarchs περὶ σαρκοφαγίας behandeln.

Weiter auf die Einwände Meiners und Volkmanns einzugehen würde den Rahmen der vorliegenden Abhandlung überschreiten; doch wird aus dem Vorangehenden klar und deutlich hervorgehen, dass nur eine zu pedantische, absichtlich zu Entstellungen sich neigende Interpretation solche Widersprüche und Mängel in unserer Schrift finden konnte.

Die Apophthegmensammlung.

Sie umfasst folgende Bestandteile:

a. Ἀποφθέγματα βασιλέων καὶ στρατηγῶν;
b. Ἀποφθέγματα Λακωνικά, dazu als Anhang τὰ παλαιὰ τῶν Λακεδαιμονίων ἐπιτηδεύματα;
c. Λακαινῶν ἀποφθέγματα.

Eine Sammlung von Apophthegmen hat Plutarch unzweifelhaft verfasst, wie aus mehreren Stellen, z. B. de ira coh. 457 E, coniug. praec. 145 E, Cat. 24 in. deutlich hervorgeht.

Auch haben wir für diese Thatsache das Zeugnis des Stobaeus, dem, wie oben schon erwähnt, wahrscheinlich alle Schriften Plutarchs noch vorlagen; derselbe citiert nämlich in seinem Florilegium einen Ausspruch des Agesilaos 190 F: οὐδὲν ἀνδρείας χρήζομεν, ἐὰν πάντες ὦμεν δίκαιοι, wobei er das Lemma ἐκ τοῦ Πλουτάρχου hinzufügt.

Dass jedoch die vorliegende Sammlung in ihrer Gestalt nicht von Plutarch herrühren kann, zeigt der ganze Charakter derselben; indes wollen wir der Untersuchung nicht vorgreifen, sondern betrachten wir die einzelnen Teile unserer Sammlung etwas näher.

An der Spitze des Ganzen steht ein Widmungsbrief an Kaiser Trajan, der in Komposition, Sprache und Inhalt sofort den Fälscher verrät. Schon der Umstand, dass in keiner einzigen plutarchischen Schrift eine besondere Widmung[1]) vorausgeschickt wird, beweist die Unechtheit

---

[1]) Wohl aber erwähnt Plut. nicht selten im Eingange einer Schrift den Adressaten, dem er dieselbe gewidmet hat, z. B. in den Schriften quomodo adolescens poetas audire debet, de recta audiendi ratione.

dieses Briefes und zugleich der ganzen Sammlung. Auch ist uns nichts von einem näheren Verhältnisse[1]) Plutarchs zu diesem Kaiser bekannt, Plut. wenigstens erwähnt davon nichts.

Was nun die Apophthegmen selbst betrifft, so erscheint es höchst eigentümlich, dass sie ohne jeden inneren Zusammenhang an einander gereiht sind. Wie ist aber diese Erscheinung zu erklären? Eine eingehendere Vergleichung derselben mit dem Aufbau der plutarchischen Schriften gibt uns hierüber klaren Aufschluss.

Es ergibt sich nämlich die für unsere Untersuchung sehr wichtige Thatsache, dass die Apophthegmen in derselben Reihenfolge angeführt sind, wie sie Plutarch in seinen Schriften, besonders in den Vitae citiert. Nur hie und da ist ein Ausspruch eingesetzt, der in den plutarchischen Schriften fehlt; wir müssen also noch eine zweite Quelle annehmen, aus der unser Autor geschöpft hat.

Hiefür einige willkürlich gewählte Beispiele:

M. 187 F.

Φωκίων ὁ Ἀθηναῖος ὑπ' οὐδενὸς οὔτε γελῶν ὤφθη οὔτε δακρύων.

ibid.

Ἐκκλησίας δὲ γενομένης πρὸς τὸν εἰπόντα σκεπτομένῳ, ὦ Φωκίων, ἔοικας, ὀρθῶς, ἔφη, τοπάζεις, σκέπτομαι γάρ, εἴ τι δύναμαι περιελεῖν, ὧν μέλλω λέγειν πρὸς Ἀθηναίους.

ibid.

Μαντείας δὲ γενομένης Ἀθηναίοις ὡς εἷς ἐστιν ἀνὴρ ἐν τῇ πόλει ταῖς πάντων .... καὶ τῶν Ἀθηναίων κελευόντων .... μόνῳ γὰρ μηδὲν ἀρέσκειν ὧν οἱ πολλοὶ πράττουσι καὶ λέγουσι.

Vit. Phoc.
Cap. 4, 20—21.

Φωκίωνα οὔτε γελάσαντά τις οὔτε κλαύσαντα ῥᾳδίως Ἀθηναίων εἶδεν.

Cap. 5, 17—20.

Εἰπόντος δέ τινος τῶν φίλων σκεπτομένῳ, Φωκίων, ἔοικας, Ναὶ μὰ Δία, φάναι, σκέπτομαι, εἴ τι δύναμαι τοῦ λόγου ἀφελεῖν, ὃν μέλλω λέγειν πρὸς τοὺς Ἀθηναίους.

Cap. 8, 6—10.

Χρησμοῦ μὲν γὰρ ἀναγνωσθέντος ὅτι ... εἷς ἀνὴρ ἐναντία φρονοίη τῇ πόλει .., μόνῳ γὰρ αὐτῷ μηδὲν ἀρέσκειν τῶν πραττομένων.

---

[1]) Auffälliger Weise zielten die Fälschungen der Kompilatoren darauf ab, ein Freundschaftsverhältnis zwischen diesem Kaiser und Plutarch künstlich zu konstruieren, wie dies der im Mittelalter häufig genannte unechte Traktat Institutio principis ad Traianum beweist; siehe hierüber Schaarschmidt, Johannes Saresberiensis Leipzig 1862, pag. 123.

M. 188 A.

Ἐπεὶ δὲ λέγων ποτὲ γνώμην πρὸς τὸν δῆμον εὐδοκίμει καὶ πάντας ὁμαλῶς ἑώρα τὸν λόγον ἀποδεχομένους ἐπιστραφεὶς πρὸς τοὺς φίλους εἶπεν, οὐ δή που κακόν τι λέγων ἐμαυτὸν λέληθα.

ibid.

Πρὸς δὲ θυσίαν τινὰ τῶν Ἀθηναίων αἰτούντων ἐπιδόσεις καὶ τῶν ἄλλων ἐπιδιδόντων, κληθεὶς πολλάκις, αἰσχυνοίμην ἄν, εἶπεν, ὑμῖν ἐπιδιδούς, τούτῳ δὲ μὴ ἀποδιδοὺς ἅμα δεικνύων τὸν δανειστήν.

ibid.

Δημοσθένους δὲ τοῦ ῥήτορος εἰπόντος,Ἀποκτενοῦσί σε Ἀθηναῖοι, ἐὰν μανῶσι, Ναί, εἶπεν, ἐμὲ μέν, ἂν μανῶσι, σὲ δέ, ἂν σωφρονῶσιν.

Cap. 8 fin.

Ἐπεὶ δὲ λέγων ποτὲ γνώμην πρὸς τὸν δῆμον εὐδοκίμει καὶ πάντας ὁμαλῶς ἑώρα τὸν λόγον ἀποδεχομένους ἐπιστραφεὶς πρὸς τοὺς φίλους εἶπεν, οὐ δή πού τι κακὸν λέγων ἐμαυτὸν λέληθα.

Cap. 9 in.

Πρὸς δὲ θυσίαν τινὰ τῶν Ἀθηναίων αἰτούντων ἐπιδόσεις καὶ τῶν ἄλλων ἐπιδόντων κληθεὶς πολλάκις, ἔφη, τούτους αἰτεῖτε τοὺς πλουσίους, ἐγὼ δ'αἰσχυνοίμην ἄν, εἰ τούτῳ μὴ ἀποδιδοὺς ὑμῖν ἐπιδοίην δείξας τὸν Καλλικλέα τὸν δανειστήν.

Cap. 9, 11—14.

Τῶν δὲ ἀντιπολιτευομένων ῥητόρων Δημοσθένους εἰπόντος, Ἀποκτενοῦσί σε Ἀθηναῖοι, Φωκίων, ἂν μανῶσι, εἶπε, σὲ δέ, ἂν σωφρονῶσιν.

Diese wenigen Beispiele mögen genügen! Sie werden deutlich bewiesen haben, dass der Verfasser der vorliegenden Sammlung seine Apophthegmen grossenteils den Schriften Plutarchs entnommen hat und zwar in derselben Reihenfolge, die derselbe in seinen Biographien befolgte. Dabei hielt er sich oft ganz sklavisch an die Angaben seines Gewährsmannes, wie dies ein anderes Beispiel klar zeigt; nämlich in der plutarchischen Schrift de frat. amore 489 A, E werden als Beispiele wahrer Bruderliebe Antiochus Hierax und Eumenes vorgeführt, und dafür je eine Thatsache aus dem Leben dieser Männer erzählt. Auch in unserer Sammlung finden wir diese beiden Begebenheiten (184A und B) und zwar genau in derselben Ordnung wie bei Plutarch.

Es ist also über jeden Zweifel erhaben, dass die vorliegende Sammlung zum Teil aus den Schriften Plutarchs geflossen ist; jedoch hat auch, wie schon oben erwähnt, eine andere Quelle, die hier nicht weiter untersucht werden soll, vieles Material geliefert.

Daraus erklären sich denn auch manche Widersprüche, die unsere Sammlung gegenüber den plutarchischen Schriften aufweisen. Von diesen seien hier nur einige angeführt: Der Ausspruch des Königs Philipp 177 D: τὸν δὲ λοίδορον ἐξελάσαι κτλ. wird bei Plut. (vit. Pyr. 8 fin.) dem Epirotenkönig Pyrrhus zugeteilt. Was in unserer Sammlung M. 182 B. Antigonus seinem Sohne Philipp sagt, das teilt Plutarch dessen Sohne Demetrius (vit. Demetr. 28) zu.

183 B wird berichtet, ein Athener habe es gewagt, einen Sprachfehler, welchen Demetrius Poliorketes in einer Rede an das athenische Volk beging, zu rügen; doch sei derselbe so wenig beleidigt worden, dass er ausser 5000 Medimnen nochmals die gleiche Geldsumme geleistet habe. Gerade das Gegenteil berichtet Plutarch (vit. Demet. 34, 15) μᾶλλον ἐκπεπληγμένων τῶν Ἀθηναίων . . . πέρας ἐποιήσατο τοῦ δέους αὐτῶν etc. (Weitere Fälle siehe Volkmann pag. 229 ff.).

Hiebei muss jedoch erwähnt werden, dass solche scheinbare Widersprüche in der Wiedergabe von Sentenzen auch bei Plutarch sich vorfinden; so z. B. wird der Ausspruch des Archidamos (190A) ὁ πόλεμος οὐ τεταγμένα σιτεῖται von Plutarch dem Hegesippus (vit. Dem. 17,32) und an einer anderen Stelle (Cleom. 17,11) dem Archidamus in den Mund gelegt.

Wir sind also wohl zu der Annahme berechtigt, dass bei der Redaktion unserer Sammlung zwei, vielleicht auch mehrere Quellen benützt wurden; dadurch nun konnte sehr leicht der Fall eintreten, dass bei Anführung eines Ausspruches, Ereignisses etc. Diskrepanzen entstanden.

Was nun endlich den sprachlichen Charakter der vorliegenden Schrift betrifft, so ist es ganz natürlich, da ja Plutarch als Quelle dient und dessen Ausführungen oft ad verbum wieder gegeben sind, dass sich nur sehr wenige Abweichungen von dem plutarchischen Sprachgebrauche finden. Und zwar lassen sich diese nur da nachweisen, wo der Autor aus irgend einem Grunde, z. B. der Kürze halber, eine andere sprachliche Wendung der Apophthegmen geben wollte oder musste.

Deutlich kann die Richtigkeit dieser Behauptung an mehreren Stellen nachgewiesen werden; so z. B. heisst es bei Plut. (Alex. 41 fin.) ὅρα δέ, ὅπως πείθωμεν τὴν Τελεσίππαν. Dafür sagt in unplutarchischer Manier unser Verfasser (181 A) πείθωμεν τὴν Τελεσίππαν, ἵνα μένῃ.

Die Stelle vit. Alc. 2,12 οὐκ ἔγωγε, ἀλλ' οἱ λέοντες zeigt in der Fassung 186 D οὐ μὲν οὖν, ἀλλ' ὡς οἱ λέοντες eine Abweichung vom plut. Sprachgebrauche.

Ferner finden sich noch folgende unplutarchische Wendungen: 196 D. οὐ πρότερον ἢ ἀγάγωσιν steht nach οὐ πρότερον der Konjunktiv statt des Jnfinitivs.

M. 198 C ἐκδεδωκὼς ἑτέροις θέσθαι hat ἐκδιδόναι die Bedeutung verheiraten von Söhnen; bei Plut. wird es nur von Töchtern gebraucht, z. B. Thes. 3,22. Auffällig ist an dieser Stelle auch der Gebrauch des Infinitivs.

Die Anastrophe in 200 B τῆς πόλεως ἐντὸς ὄντας ist unplutarchisch.

202 E ἐποιεῖτο εὐτυχιῶν δύο steht ποιεῖσθαι in der Bedeutung von putare, doch lässt sich diese bei Plut. nicht nachweisen.

Die Form οὔτιγε 201 F erscheint bei Plut. nie, sondern dafür steht durchgehends μήτιγε.

Eine sehr grosse Wichtigkeit hat endlich in unserer Betrachtung die Hiatfrage. Wie nämlich die grosse Anzahl der Hiate — Benseler führt deren 36 an — beweist, ist in unserer Schrift der Hiat prinzipiell vermieden. Dabei zeigt sich nun deutlich !der Unterschied zwischen Plutarch und dem Autor der vorliegenden Sammlung: Während nämlich in 19 Apophthegmen,[1]) welche der Verfasser den plut. Schriften entlehnt hat, bei Plutarch sich keine Hiate vorfinden, weist jedes dieser Apophthegmen in der vorliegenden Sammlung einen Hiat auf, also ein unumstösslicher Beweis dafür, dass der Verfasser die Beobachtung des Hiates nicht kannte, folglich mit Plutarch nicht identisch sein kann.

Wie ferner die „Königsapophthegmen," so zeigt auch der zweite Teil der Sammlung, die Ἀποφθέγματα Λακωνικά, eine merkwürdige Konformität mit den plut. Schriften, d. h. die meisten der hier gegebenen Apophthegmen sind ebenfalls aus Plutarch entlehnt, zeigen dieselbe Reihenfolge und sehr häufig die gleiche Komposition.

Hiefür einige Beispiele:

Plut. vit. Ages. Cap. 9.	Apophth. Lac. 209 Aff.
Τοῖς δ'ἱππεῦσιν ἐλλατωθεὶς ἀναχωρήσας εἰς Ἔφεσον τοῖς εὐπόροις προειπὼν παρασχεῖν ἕκαστον ἵππον ἀνθ' ἑαυτοῦ καὶ	Τοῖς δ' ἱππεῦσιν ἐλλατωθεὶς ἀνεχώρησεν εἰς Ἔφεσον τοῖς εὐπόροις προεῖπε παρέχειν ἵππον ἀνθ' ἑαυτοῦ καὶ ἄνδρα.

---
[1]) Nach Volkmann pag. 231.

ἄνδρα. Πολλοὶ δ' ἦσαν οὗτοι καὶ συνέβη τῷ Ἀγησιλάῳ ταχὺ πολλοὺς καὶ πολεμικοὺς ἔχειν ἱππεῖς ἀντὶ δειλῶν. Καὶ γὰρ τὸν Ἀγαμέμνονα ποιῆσαι καλῶς ὅτι θήλειαν ἵππον ἀγαθὴν λαβὼν κακὸν ἄνδρα καὶ πλούσιον ἀπήλλαξε τῆς στρατείας.

ὥστε ταχὺ συνήχθησαν καὶ ἵπποι καὶ ἄνδρες ἐπιτήδειοι ἀντὶ δειλῶν καὶ πλουσίων. Καὶ τὸν Ἀγαμέμνονα ἔφη ζηλῶν καὶ γὰρ ἐκεῖνον θήλειαν ἵππον. ἀγαθὴν λαβόντα κακόν ἄνδρα καὶ πλούσιον τῆς στρατείας ἀπολῦσαι.

Dann erzählt Plut. den Verkauf der Gefangenen, wobei er eine merkwürdige Äusserung des Agesilaos erwähnt; dieselbe Gedankenreihe zeigen auch unsere Apophthegmen, nämlich:

ibid. Cap. 9.

Ἐπεὶ δὲ κελεύσαντος αὐτοῦ τοὺς αἰχμαλώτους ἀποδύοντες ἐπίπρασκον οἱ λαρυροπῶλαι καὶ τῆς μὲν ἐσθῆτος ἦσαν ὠνηταὶ πολλοί, τῶν δὲ σωμάτων λευκῶν καὶ ἁπαλῶν παντάπασι διὰ τὰς σκιατραφίας γυμνουμένων κατεγέλων ὡς ἀχρήστων καὶ μηδενὸς ἀξίων ἐπιστὰς ὁ Ἀγησίλαος· οὗτοι μὲν, εἶπεν, οἷς μάχεσθε, ταῦτα δέ, ὑπὲρ ὧν μάχεσθε κτλ.

Apophth. Lac. 209.

Ἐπεὶ δὲ κελεύσαντος αὐτοῦ τοὺς αἰχμαλώτους γυμνοὺς πωλεῖν ἐπίπρασκον οἱ λαρυροπῶλαι καὶ τῆς μὲν ἐσθῆτος ἦσαν ὠνηταὶ πολλοί, τῶν δὲ σωμάτων λευκῶν καὶ ἁπαλῶν παντάπασι διὰ τὰς σκιατραφίας κατεγέλων ὡς ἀχρήστων καὶ μηδενὸς ἀξίων· ἐπιστὰς ὁ Ἀγησίλαος ταῦτα μέν, εἶπεν, ὑπὲρ ὧν μάχεσθε, οὗτοι δέ, οἷς μάχεσθε κτλ.

Oder vergleichen wir die Apophthegmen des Lysander mit der gleichnamigen Vita bei Plutarch, so finden wir dieselbe Übereinstimmung, wie z. B.

Vit. Lys. Cap. 22.

Ἀργείοις ἀμφιλογουμένοις περὶ γῆς ὅρων καὶ δικαιότερα τῶν Λακεδαιμονίων οἰομένοις λέγειν δείξας τὴν μάχαιραν· ὁ ταύτης, ἔφη, κρατῶν βέλτιστα περὶ γῆς ὅρων διαλέγεται.

Apophth. Lac. 229 C.

Πρὸς Ἀργείους δὲ περὶ γῆς ὅρων ἀμφισβητοῦντας πρὸς Λακεδαιμονίους καὶ δικαιότερα λέγειν αὐτῶν φάσκοντας σπασάμενος τὴν μάχαιραν· ὁ ταύτης, ἔφη, κρατῶν βέλτιστα περὶ γῆς ὅρων διαλέγεται.

ibid.

Τοὺς δὲ Βοιωτοὺς ἐπαμφοτερίζοντας ἠρώτα, πότερον ὀρθοῖς τοῖς δόρασιν ἢ κεκλιμένοις διαπορεύηται τὴν χώραν αὐτῶν κτλ.

ibid. 229 C.

Τοὺς δὲ Βοιωτοὺς ἐπαμφοτερίζοντας ὅτε διῄει τὴν χώραν ὁρῶν προσέπεμψε πυνθανόμενος πότερον ὀρθοῖς τοῖς δόρασιν ἢ κεκλιμένοις διαπορεύηται τὴν χώραν αὐτῶν κτλ.

Es ist also kein Zweifel, dass unsere Sammlung gleichfalls zum grössten Teile aus den plutarchischen Schriften entlehnt ist, sogar die Reihenfolge hat der Autor sorgfältig eingehalten. Doch nun entsteht die Frage: Sind die Verfasser der beiden bisher besprochenen Apophthegmensammlungen identisch oder nicht?

Für die Beantwortung dieser Frage geben uns die vorliegenden Traktate hinreichende Anhaltspunkte. Vor allem ist zu beachten, dass der zweite Teil unserer Sammlung weit mehr Hiate enthält als der erste. Während nämlich ersterer, wie schon erwähnt, 36 Hiate aufweist, finden sich in letzterem, der weniger umfangreich ist, 114 Hiate, sicherlich ein stringenter Beweis für die Verschiedenheit der Autoren der beiden Schriften. Diese Ansicht wird auch durch den sprachlichen Charakter bestätigt, indem die Sprache und die ganze stilistische Manier des zweiten Teils viel mehr von dem plutarchischen Sprachgebrauch abweicht.

Von den besonders stark hervortretenden sprachlichen Idiocismen desselben will ich anführen: 212 A καίτοι ἐκ μείζονος; ibid.[1]) καίτοι ὑπὸ πολλῶν κτλ. steht καίτοι für καίπερ, bei Plut. findet sich dieser Gebrauch nur dann, wenn auf καίτοι ein konsonantisch anlautendes Wort folgt (cf. I. T. pag 35).

Die Form der Adverbia: πυκνά, 229 E, πυκνῶς 228 D, συχνά 231 C, ἑκόντι 223 D, εἰς τὰ μάλιστα = ἐν τοῖς μάλιστα 218 F, ἐκεῖθι etc.[1]).

Die Bildung der Verbalformen: ἀπεκρίθη = ἀπεκρίνατο 213B; μολών, μολόντες 220 F, 225 D; περισεσάλπισται 220 E; τῇ ἐχομένῃ = τῇ προτεραίᾳ 222 D etc.

Die Verbindung der zwei Präpositionen ἕως ἐπί 223 E.

Endlich die Konstruktionen ὀμνύω ὡς M. 222 D; εἰ ἂν ἔλεγεν 223 F; der Konjunktiv in indirekten Fragesätzen mit μή, z. B. 233 A ἐζήτουν μὴ τυγχάνωσιν (cf. Stegmann § 10c); παύομαι mit Infinitiv statt des bei Plut. gebräuchlichen Particips, 216 B ἐπαύσω λέγειν und 216 D παῦσαι κλαίειν. Also auch in sprachlicher Beziehung ist der zweite Teil weit verschieden von den Königsapophthegmen, d. h. er zeigt nicht dieselbe stilistische Manier.

Auch Widersprüche, welche beide Teile enthalten, zwingen zu der Annahme, dass die Verfasser nicht identisch sind; so z. B.

---

[1]) M. 224 E steht τὸ πρίν, doch scheint wohl ein Fehler vorzuliegen; zu schreiben ist πρότερον, wie auch Bernard gethan.

wird in der Königsapophthegmen (189 F) der Ausspruch διὰ τί κωμῶσιν κτλ. dem Spartaner Charillus in den Mund gelegt, dagegen Apophth. Lac. 230 B dem Nicander.

191 E sagt der Spartaner Antalcidas die stolzen Worte: μόνοι γοῦν ἡμεῖς οὐδὲν μεμαθήκαμεν κτλ., in unserer Schrift ist es Pleistoanax.

191 E wird der Gedanke: οὐ πιστεύειν τοὺς ἀλλοτρίους τᾷ προδόντι τοὺς ἰδίους dem Könige Agis II (*A. νεώτερος*) beigelegt, in dem zweiten Teile aber Agis I (*A. τελευταῖος*).

Der Ausspruch des Pelopidas (194 D): Τί μᾶλλον, ἢ εἰς ἡμᾶς ἐκεῖνοι gehört in den Apophth. Lac. 234 B einem Spartaner an.

Endlich ist es meines Erachtens auch undenkbar, dass ein und derselbe Autor, nachdem er im ersten Teile seiner Schrift die Dicta der berühmten Männer Spartas· in chronologischer Weise schon angeführt hat, dieselben im zweiten Teile wieder aufzählt und zwar in einem solchen bunten Durcheinander, ohne Rücksicht auf ihren inneren Zusammenhang. Also um hier die Frage abzuschliessen, alle Kriterien deuten auf eine durch zwei verschiedene Verfasser vorgenommene Redaktion der vorliegenden Sammlung. Und wohl nur ein äusserer Grund war es, warum diese beiden Schriften zu einem corpus vereinigt wurden.

Es bedarf hier keines weiteren Beweises, dass auch der Anhang der besprochenen Sammlung, die τὰ παλαιὰ τῶν Λακεδαιμονίων ἐπιτηδεύματα, unecht ist; wie der Anfang[1] beweist, soll er als Fortsetzung der vorausgehenden Schrift gelten.

Auch dieser ist in Bezug auf Inhalt zum grössten Teile aus plutarchischen Schriften, besonders aus der vita des Lykurg entlehnt, und zwar genau in derselben Ordnung wie bei Plutarch.[2] Dafür einen eingehehenden Beweis zu liefern können wir uns ohne Zweifel ersparen. (Näheres s. bei Wyttenb. II. T. p. 455).

Die ganz im Geiste Plutarchs gehaltene Schrift γυναικῶν ἀρεταί hat seltsamerweise Cobet als unecht erklärt, weil die Diktion, besonders der Stil »zu grosse Ebenmässigkeit und abgerundete Form« aufweise. Seine Bedenken wurden jedoch von Dinse, de lib. Plut. γυναικῶν ἀρεταί inscripto, Berol. 1863 in so ausführlicher und überzeugender Weise widerlegt, dass es unmöglich erscheint, noch neue Beweismomente

---

[1] Bernard. hebt diesen Zusammenhang auf, indem er δέ nach den Worten τῶν εἰσιόντων streicht.

[2] Volkmann (pag. 237) leugnet dies; allein die Entlehnung ist zu offenbar.

herbeizubringen. Seine Ausführungen hier nochmals zu wiederholen, dürfte wohl überflüssig sein, umsomehr als die Echtheit der genannten Schrift ausser Cobet von niemand in Zweifel gezogen wurde. Als Beweis für die Echtheit führt Wyttenbach[1]) die Thatsache an, dass schon Polyaen in seiner Strategemensammlung unsere Schrift benützt habe; indes mit Unrecht. Wie Melber (Fleckeisen Jahrb. 14 Suppl. 1885 p. 65 ff) nachgewiesen, müssen wir für beide Schriften eine gemeinsame Quelle annehmen.

Deutlich kennzeichnet sich als unecht die unter Plutarchs Namen überlieferte Schrift:

$$\Pi\varepsilon\varrho\grave{\iota}\ \pi\alpha\varrho\alpha\lambda\lambda\acute{\eta}\lambda\omega\nu\ \ {}^{\backprime}E\lambda\lambda\eta\nu\iota\varkappa\tilde{\omega}\nu\ \varkappa\alpha\grave{\iota}\ {}^{\backprime}P\omega\mu\alpha\acute{\iota}\omega\nu.{}^{2})$$

Offenbar angeregt durch die Lektüre der unserem Traktate vorausgehenden Παράλληλα ῾Ρωμαικὰ καὶ ῾Ελληνικά hat ein Fälscher durch Umänderung der Namen von Personen, Städten und Flüssen sowie durch fingierte Excerpte aus Mythographen[3]) die vorliegende Sammlung verfasst. Schon Vossius[4]) und Valkenear[5]) hielten dieselbe für unecht, auch Wyttenbach (Mor. II, pag. 235) nennt sie ein „libellus foetus" falsarii et vanissimi et ineptissimi et unius omnium mendacissimi.

Was nun den sprachlichen Charakter betrifft, so hat Hercher (de fluv. pag. 6 ff.) durch Vergleichung unserer Schrift mit dem unechten, gleichfalls unter dem Namen Plutarchs überlieferten Traktate περὶ ποταμῶν die überraschende Thatsache gefunden, dass beide in Bezug auf Komposition und stilistische Manier vollständig übereinstimmen, also von einem Verfasser herrühren. Dieser Umstand allein würde schon die Unechtheit beweisen, nachdem ja der oben genannte Traktat περὶ ποταμῶν von Hercher als pseudoplutarchisch erkannt worden ist; indes wird diese Ansicht auch durch den Charakter der Parallela selbst, d. h. durch zahlreiche Kriterien, welche in sprachlicher und sachlicher Hinsicht sich hier nachweisen lassen, vollauf bestätigt.

So zeigt die vorliegende Schrift folgende unplutarchische Strukturen:

---

[1]) Mor. tom. I pag. 27.
[2]) Gewöhnlich führt sie den Titel: Parallela minora; sie hat, wahrscheinlich von einem Abschreiber, sehr willkürliche Kürzung erfahren, wie Hercher (de fluv. pag. 10ff) aus den Excerpten des Stobaeus (Flor. 64,38) sowie aus Ioannes Lydus ed. Bekker p. 113 nachweist.
[3]) cf. Wyttenb. Mor. tom. II pag. 235.
[4]) Ad. Pomp. Mel. I, 8 pag. 600.
[5]) Zu Eurip. Phoeniss. 597.

Die Verbalformen λήξεσθαι von λήγω 306 F; κερδήση von κερδαίνω 311 D; ἐρρύσατο 315 B.

Die Verbindung der Präpositionen διά und ἕνεκα, 309 A διὰ τούτων πάντων ἕνεκα.

Der Gebrauch des Inf. Aorist ohne ἄν nach einem verbum dic., z. B. 307 B ἔλαβε χρησμὸν νικῆσαι, ἐὰν ποιήση ähnlich 309 B, 310 A, D, 312 A, 314 C, D; ebenso ὑπισχνοῦμαι, mit nachfolg. Inf. Aor., 309 B ὑπέσχετο συνελθεῖν. Auffallend erscheint der Gebrauch von ὡς ἄν m. Konj. in den Finalsätzen, wie M 311 D, 315 D; ὅπως oder ἵνα kennt der Verfasser überhaupt nicht.

Auch die copia verborum weicht von der des Plutarch sehr stark ab, so die Ausdrücke ἐγκρατὴς τῆς νίκης 305 C (auch de fluv. 1155 C, 1164 E); νεκρὸς ἐστάθη 305 C; συμβληθείσης τῆς μάχης 309 C, E; περιγράφω = τελευτάω, z. B. βρόχῳ τὸ ζῆν περιέγραψε¹); δοκῶ = νομίζω 310 E, F; ἐξουδενίζω etc.

Nie gebraucht Plut. die lateinische Form λεγεῶνες = legiones 300 C; stets setzt er zu einem solchen Worte eine Ergänzung wie προσαγορευόμενος, ὅ λεγουσι etc. z. B. Αὐγούρων προσαγορευομένων Aim. 2,25.

Auffällig ist das häufige προειρημένος, Plut. gebraucht dies sehr selten, in unserer wenig umfangreichen Schrift aber erscheint es 5 mal.

Jedoch der klarste Beweis für die Unechtheit ist die völlige Vernachlässigung des Hiates; die Schrift wimmelt förmlich von den schwersten Verstössen gegen diesen Sprachgebrauch.

Auch in Bezug auf den Inhalt zeigt schon eine oberflächliche Betrachtung desselben, wie lügenhaft und erfunden die Ausführungen des Verfassers sind. Um ihnen aber Glaubwürdigkeit zu geben, citiert er Schriften von Autoren, welche überhaupt nicht existieren, ändert willkürlich Namen von Personen, erdichtet Begebenheiten, kurz, verrät sich als einen Fälscher der schlimmsten Art. Weiter auf den Inhalt hier einzugehen erscheint bei der erschöpfenden Arbeit Herchers überflüssig, (Näheres hierüber bei Hercher pag. 2 ff.)

---

[1] So hat auch das Excerpt aus Stob. Flor. 64, 38, abgedruckt bei Hercher p. 11; ἀνήρτησε ist ohne Zweifel Glossem. Absonderlich ist an unserer Stelle auch das häufige βρόχῳ, so 306 F, 311 C, 312 B, 313 B; überhaupt beweist der Gebrauch derselben Worte, Redewendungen etc. die Wortarmut des Autors.

Grosse Schwierigkeit hinsichtlich der Echtheitsfrage bietet die nicht uninteressante Schrift

Περὶ τῆς εἰς τὰ ἔκγονα φιλοστοργίας.

Döhner, Quaest. Plut. III, p. 26 ff. ist der Meinung, dass sie in der Gestalt, wie sie uns vorliege, nicht von Plut. herrühre, sondern sie gebe Trümmer einer grösseren plutarchischen Schrift.

Seine Ansicht hat Volkmann[1]) etwas modifiziert, indem er behauptet, der vorliegende Traktat sei bloss das Fragment eines Auszuges; doch kann ich mich dieser Ansicht nicht anschliessen. Zwar ist unsere Schrift ohne allen Zweifel nur ein Bruchstück einer grösser angelegten Schrift; denn das beweist vor allem der kurz abbrechende Schluss sowie die sehr lose aneinander gereihten sachlichen Ausführungen. Allein sie als einen Auszug zu betrachten, daran hindert die stilistisch in sich völlig abgeschlossene Diktion, die an manchen Stellen sogar überladen und schwülstig ist, z. B. 493 D, 494 F, 496 F; man vermisst den fragmentaren, knappen Charakter eines Auszuges, ja wir treffen sogar manchfache Dichtercitate und Paraphrasen von Autorenstellen; es kann also von einem Auszuge nicht die Rede sein.

Nun frägt sich aber: wer ist der Verfasser des vorliegenden Traktates? Ihn Plutarch zuzuschreiben, dagegen erheben sich gewichtige Bedenken, die sonderbarerweise mehr in dem Inhalte als in dem stilistischen Charakter ihren Grund haben.

Es lassen sich nämlich in grammatischer Hinsicht keine Abweichungen vom plutarchischen Sprachgebrauche nachweisen; zudem ist auch unsere Schrift für Beobachtungen in dieser Richtung zu wenig umfangreich. Umsomehr aber verrät die Komposition den fremden Verfasser. Schon bei einem flüchtigen Blicke muss es höchst auffallend erscheinen, dass sie eine solche Anhäufung von Synonymen enthält; mit einer gewissen Pointe hat der Verfasser darnach gestrebt, jeden Begriff durch möglichst zahlreiche, oft gleichbedeutende Ausdrücke zu fixieren. Zwar liebt auch Plutarch diesen Gebrauch von Synonymen (cf. Herrmann quaest. crit. de Plut. Mor. pars I. Halle 1875 p. 60 ff), jedoch hat er in der Regel nur zwei synonyme Ausdrücke für einen Begriff. Hier jedoch finden wir 3, 4 oft sogar 5 Ausdrücke aneinander gereiht, z. B. 494 A *ἐν τῷ φιλοστόργῳ, ταῖς προνοίαις, ταῖς καρτερίαις, ταῖς ἐγκρατείαις;* 495 B *τὰς γενέσεις καὶ λοχείας καὶ ὠδῖνας καὶ τεκνοτροφίας;* 495 E *ἀκριβὴς καὶ φιλότεκνος καὶ ἀνελλιπὴς καὶ ἀπερίτμητος;* 496 B *ἅψασθαι καὶ ἀνελέσθαι καὶ ἀσπάσασθαι καὶ περιλαβεῖν;*

---

[1]) I. T. pag. 186.

496 A ἀτελὲς οὐδὲ ἄπορον οὐδὲ γυμνὸν οὐδὲ ἄμορφον οὐδὲ μιαρόν etc.

Vor allem aber muss der Inhalt unsere Zweifel an die Echtheit erst vollends bestätigen; denn mehrere Punkte desselben stehen mit der plutarchischen Anschauungsweise im Widerspruche.[1]) So sagt der Verfasser: (494A) ἀξίως δ'οὐκ ἔστιν εἰπεῖν τὰ δρώμενα κτλ. ebenso (495 D) τὰ δὲ περὶ τὴν γένεσιν ἀξίως οὐκ ἔστιν εἰπεῖν οὐδὲ εὐπρεπὲς ἴσως λίαν ἀκριβῶς τῶν ἀπορρήτων ἀφάπτεσθαι τοῖς ὀνόμασι καὶ ῥήμασιν κτλ. Doch diese in fast kindischer Manier dargestellte Scheu kennt Plut. sonst nicht, da er in seinen Schriften wiederholt sehr schwierig zu behandelnde Themata mit der erhabensten Seelenreinheit und sittlichen Würde darlegt; man vergleiche nur seine coniugalia praecepta 140C, 142 F; Eroticus 754C; disputationes convivales 653 B etc.; alle diese Schriften enthalten dieselben delikaten Exkurse, doch ohne eine solche Entschuldigung, wie sie unser Autor vorbringt.

Ferner führt er (496F) als Beispiele dafür, dass manche grosse Männer in ihrer Jugend ein ausgelassenes, üppiges Leben geführt haben, Pericles, Plato und Euripides an, indem er sagt: καὶ κώμους καὶ πότους καὶ ἔρωτας αὐτῶν οἱ ἄνθρωποι πλημμελούντων ἐπεῖδον κτλ; so konnte aber Plut. von diesen Männern nicht urteilen; denn er, der sich wiederholt als μαθητὴς καὶ ἐνθουσιαστής Platos bezeichnet, der in der Vita des Pericles (Cap. 39,32) die Reinheit seines Lebens rühmt sowie (Cap. 5) die ἀξίωμα τοῦ ἤθους und die φρόνημα desselben bewundert, der den Euripides als den θεῖος ποιητής lobt, durfte und konnte unmöglich diese Hochachtung auf solche Weise preisgeben.

Ganz abgeschmackt und mit der hohen sittlichen Auffassung des Verhältnisses zwischen Eltern und Kindern, wie es Plut. in verschiedenen Schriften[2]) darstellt, völlig unvereinbar ist der Gedanke (497 B): οἱ παῖδες χάριν οὐδεμίαν ἔχουσιν οὐδὲ τούτου ἕνεκα θεραπεύουσιν οὐδὲ τιμῶσιν ὡς ὀφείλημα τὸν κλῆρον ἐκδεχόμενοι.

Ebenso klingt es absurd, wenn der Verfasser (497 E) behauptet: οἱ μὲν γὰρ πένητες οὐ τρέφουσι τέκνα, φοβούμενοι μὴ χεῖρον ἢ προσήκει τραφέντα δουλοπρεπῆ καὶ ἀπαίδευτα καὶ καλῶν πάντων ἐνδεᾶ γένηται;

---

[1]) Volkmann hat merkwürdigerweise die Hauptgedanken unserer Schrift in seiner Darstellung der plut. Philosophie (pag. 165,165) als plutarchisch aufgenommen.

[2]) Vergl. das schöne Verhältnis zwischen Plut. und seinen Kindern, wie er es consol. ad uxorem (608C, 611) geschildert hat.

denn nirgends hat Plut. eine ähnliche Ansicht[1]) ausgesprochen, auch in keiner Schrift die Inferiorität der Armut gegenüber dem Reichtum angedeutet, geschweige denn solchermassen hervorgehoben. Dabei ist es nun ein wunderlicher Zufall, dass nur in einer einzigen moralischen, aber gleichfalls unechten Schrift (de lib. ed. 8E) derselbe Gedanke sich findet.

Wie die vorausgehenden Beipiele, so enthält unser Traktat noch manche Ungereimtheiten und Abweichungen von der Anschauungsweise Plutarchs. Jch stehe also nicht an, ihn Plutarch abzusprechen; denn Stil und teilweise der Inhalt deuten nicht auf denselben als den Verfasser.

Ohne Zweifel unecht ist die nur als Bruchstück überlieferte Schrift:

$$\Pi \varepsilon \varrho i \; \varepsilon i \mu \alpha \varrho \mu \varepsilon \nu \eta \varsigma.$$

Wie der Schluss (574F) derselben beweist: τὰ δὲ καθ' ἕκαστα τούτων μέτιμεν haben wir nur ein Fragment[2]) der eigentlichen Schrift, allein in einem solchen verderbten Zustande, dass Wyttenbach[3]) von ihm richtig bemerkt: libellus in editis scriptisque codicibus nostris corruptissimus, ut quovis fere versu menda progressum legentis impediant.

Vor allem ist ihr Inhalt für unsere Untersuchung nicht ohne Bedeutung: Er gibt uns nämlich in gedrängter Übersicht, gestützt auf platonische Definitionen die Lehre von der dreifachen εἱμαρμένη sowie ihrem Verhältnisse zur τύχη und ἀνάγκη; jedoch ist die Argumentation in so subtiler, streng wissenschaftlicher Form, mit solch feinen Distinktionen durchgeführt, dass diese Art der Reflexion nicht mit der breiten und behaglichen, allen spinösen Definitionen und philosophischer Akribie abholden Schreibart Plutarchs vereinbar ist. Überall stossen wir in der philosophisch fein durchgebildeten und abgerundeten

---

[1]) Jn verschiedenen Schriften wie Coniug. praec. 140F, 141A, 145E; Eroticus 754A, B lernen wir Plutarchs ethische Auffassung der Ehe kennen.

[2]) Das am Schlusse stehende λείπει streicht Wyttenbach als Glossem eines Abschreibers und hält die Schrift für vollständig; allein dies ist ein Jrrtum; denn der vorhergehende Satz ἐσαῦθις μέτιμεν setzt noch einen zweiten, folgenden Teil der Beweisführung voraus.

[3]) Mor. tom. III, p. 246.

[4]) Ein treffliche Übersicht über die Hauptgedanken gibt Zeller, Phil. der Griech. III,2 p. 159ff; derselbe hat, trotzdem die Schrift apokryph ist, ihren Inhalt bei seiner Darstellung der Philosophie Plutarchs wiedergegeben.

Diktion auf aristotelische Kategorien und peripatetische termini technici, z. B. κατ' οὐσίαν secundum substantiam; κατ' ἐνέργειαν in actione; κατὰ τὸ πρός τι ad relationem. An Aristoteles erinnert ferner die knappe, präzise Form des Ausdrucks, der streng abgegrenzte Satzbau sowie die ganz nach aristotelischer Manier gegebenen kurzen, jedes rhetorischen Schwunges entbehrenden Definitionen, die gewöhnlich mit Aufstellung von Aporien und deren Lösung durchgeführt sind; (vergl. 596 D, E, 570 E, 573 A, B). Auffälligerweise bekämpft auch der Verfasser, allerdings in milder Form, die Akademie, z. B. 572 B, wo er sich gegen die von Plato (Phaed. 57 A) gegebene Definition des Schicksals wendet.

Auch die grammatischen Kriterien sprechen gegen die Authentie der Schrift; so können folgende Abweichungen vom plut. Sprachgebrauche angeführt werden:

Der häufige Gebrauch von τὲ und καί: τὲ — τὲ steht 2mal, τὲ 6mal, τὲ καί 11mal, τὲ—καί 18mal (Vergl. hierüber Fuhr, Rhein. Mus. 33,590).

Das Erscheinen der disjunktiven Konjunktion ἤτοι—ἤ 572 C, die nur in unechten Schriften sich findet (cf. de lib. od. 1 D).

Die Form des Adverbiums εἰκότι statt εἰκότως 573A.

Der Gebrauch der Negationen in 569 D πλὴν οὐχ ἤ γε κατὰ μέρος statt πλὴν μή; ὅσοι μὴ κατορθοῦσιν statt ὅσοι οὐκ (cf. Stegmann Neg. § 13 a).

Die Bedeutung von οἷον κἂν = ὥσπερ ἂν εἰ in 572 C οἷον κἂν ἐκ προνοίας ἐγεγόνει.

Desgleichen sind die rhetorischen Floskeln, welche der Verfasser in überreichem Masse angewendet hat, unplutarchisch, keine Schrift desselben weist ähnliche Formationen auf; ich führe an:

568 E ὡς ἐν ἐπιτομῇ εἴρηται, ἀναλαβόντες λέγωμεν; 569F τοῦτο ἐν τῷ παρόντι ῥηθὲν χώραν ἔχει; 571 A τύπῳ δ' ἂν ἀφορισθείη, ibid. D ἀφορίζοιτο δ' ἄν[1]), ibid. E ἀφορίζοιτο δ' ὧδε, ibid. E τύπῳ ὑπέγραψεν; 568 D ταύτῃ τῇ παροιμίᾳ λαμβάνω; 574 D ἐπὶ κεφαλαίων εἰπεῖν.

Sonderbar klingt die Phrase 569 A, εἰ καὶ πολλοῖς ἄτοπον φαίνεται, die an einer anderen Stelle (573 A) wiederholt wird: εἰ καὶ φιλοσόφοις ἀνδράσι τἀναντία λέγειν δόξαιμεν.

[1]) Dieser sowie viele andere Ausdrücke weisen ebenfalls besonders auf Aristoteles, z. B. ἐπὶ τοσοῦτον ἐμνήσθην 574F, Arist. de an. 113b ἐπὶ τοσοῦτον εἰρήσθω; τὸ κατὰ δύναμιν πεφυκός 571A, Arist. de an. 412a τὸ κατὰ δύναμιν ὄν; 468 F τὰ καθ' ἕκαστα Arist. de an. 741b τὰ καθ' ἕκαστα; vergl. auch Arist. Phys. 4ff., wo gleichfalls eine Definiton der τύχη beinahe in demselben stilistischen Aufbau gegeben ist.

Endlich beweist noch ein sehr wichtiger Umstand, nämlich die gänzliche Vernachlässigung des Hiates klar die Unechtheit unserer Schrift; fast jede Zeile lässt erkennen, dass dem Verfasser die Beobachtung des Hiates nicht bekannt war. Es ist also aus den angeführten Gründen wohl ersichtlich, dass die vorliegende Schrift Plutarch nicht zugeschrieben werden kann.

Auch die Ansicht Kaltwassers[1]), sie sei eine »Art Skiagraphie zu einem grösseren Werke, das Plutarch in der Folge weiter habe ausarbeiten wollen,« ist unhaltbar; denn der vorliegende Traktat ist in stilistischer Hinsicht völlig ausgearbeitet und abgerundet, die scheinbare Präzision und Knappheit des Ausdruckes, durch die Kaltwasser, wie mir scheint, zu seiner Behauptung bestimmt wurde, ist eben die charakteristische Schreibart des Autors.

Gleichfalls apokryph ist die ihrem Jnhalte[2]) nach unbedeutende Schrift:

$$\Pi\varepsilon\varrho\grave{\iota}\ \tau o\tilde{v}\ \mu\grave{\eta}\ \delta\varepsilon\tilde{\iota}\nu\ \delta\alpha\nu\varepsilon\acute{\iota}\zeta\varepsilon\sigma\vartheta\alpha\iota.$$

Die Unechtheit derselben hat schon Heinze[3]) nachgewiesen, ebenso Volkmann[4]) und Benseler[5]), doch mögen im Nachfolgenden noch einige neue Gesichtspunkte Erwähnung finden.

In erster Linie weist die copia verborum eine Anzahl von Wörtern auf, die entweder überhaupt bei Plutarch nicht vorkommen oder eine bei ihm ungebräuchliche Bedeutung haben; von der ersteren führe ich an: ἀμεριμνία, ἀφανιστής, ἐπικνίζομαι, ἐπενωνίζω, ἐπιρρυπαίνω, κατάργυρος, λεκανίς, τυφομανία, ὑπαργυρέω etc.: ferner καβάλλης = ἵππος. Nie steht bei Plut. καλάνδαι für sich allein, immer ist es mit einem epexegetischen Ausdrucke verbunden (cf. p. 30 zu M. 300 C λεγεῶνες). Das pleonastische ἔχοντες 827 F findet sich bei Plut. nie, dafür erscheint stets φέρων, πέμπων (cf. Wyttenb. animadv. I p. 51).

---

[1]) Übers. der mor. Abhandl. Plut. 5. T. pag. 91.

[2]) Interessant ist die Thatsache, dass der hl. Basilius in einer Homilie (XIII. Psalm contra feneratores) unsere Schrift mehrfach benützte, ja sogar wörtlich ausschrieb, z. B. Cap. 4 πῶς οὖν διατραφῶ, φησίν, ἔχεις χεῖρας, ἔχεις τέχνην; ebenso Mor. 830 A πῶς οὖν διατραφῶ; .. ἔχων χεῖρας κτλ. Cap. 4 μύρμηκες, μέλισσαι, οἷς οὔτε χεῖρας οὔτε τέχνας ἡ φύσις ἔδωκε κτλ.; in unserer Schrift 830 B, C μύρμηκες, οἷς ἡ φύσις οὐ χεῖρας, οὐ τέχνην δέδωκεν.

[3]) Plut. Untersuchungen, Berlin 1872.

[4]) Jn der citierten Schrift pag. 180.

[5]) De hiatu in oratt. Att. pag. 512.

Der Gebrauch des Reflexivs 828 D εἰς τὸ ἱερὸν αὐτῆς ist unplutarchisch, es müsste denn sein, dass αὑτῆς zu schreiben wäre.

Eine Verbindung wie 829 E πόθεν που lässt sich bei Plut. nicht nachweisen.

Ferner ist die Darstellung schwülstig und überladen, ohne Kraft und Frische; wie lästig sind z. B. die immer wiederkehrenden Fragen: 828 A Τί θεραπεύεις, ἐκπώματα ἔχεις, ὑπόθου ταῦτα τῇ χρείᾳ οὐκ ὄζον; 830B τί γάρ σε δεῖ κινεῖν, ibid. C τί οὖν κατέγνωκας, οὐχ ὁρᾷς. Ebenso plump und nichtssagend erscheint die Wendung 830 A: τοῦτο ἐρωτᾷς, ἔχων χεῖρας, ἔχων πόδας, ἔχων φωνήν, ἄνθρωπος ὤν, γράμματα διδάσκων καὶ παιδαγωγῶν καὶ θυρωρῶν, πλέων, παραπλέων. Dabei bewegt sich der Verfasser stets in lächerlichen Übertreibungen und geschmacklosen Vergleichen wie: 827F νυνὶ δὲ ὑπὸ τρυφῆς ἢ μαλακίας ἢ πολυτελείας οὐ χρῶνται (d. h. die Athener) τοῖς ἑαυτῶν ἔχοντες; 828 C ἡμεῖς δὲ αὐτάρκειαν αἰσχυνόμενοι καταδουλοῦμεν ἑαυτοὺς ὑποθήκαις καὶ συμβολαίοις. Oder 828 F δουλεύουσι (scil. οἱ Ἀθηναῖοι) γὰρ ἅπασι τοῖς ἀφανισταῖς, μᾶλλον δὲ οὐδ' αὐτοῖς; 829 A γυπῶν δίκην ἔσθουσι (d. h. die feneratores) καὶ ὑποκείρουσιν αὐτούς; 830D οὐκ ἂν ἦν γένος δανειστῶν ὥσπερ οὐδὲ κενταύρων ἐστὶν οὐδὲ γοργόνων.

Unpassend und völlig unverständlich ist der Vergleich 828 D: ὡς γὰρ ἡ Πυθία τοῖς Ἀθηναίοις τεῖχος ξύλινον διδόναι τὸν θεὸν ἔφη κἀκεῖνοι .... εἰς τὰς ναῦς κατέφυγον, οὕτως ἡμῖν ὁ θεὸς ξυλίνην τράπεζαν καὶ κεραμεᾶν λεκάνην κτλ.; denn was soll hier ξυλίνην τράπεζαν, κεραμεᾶν λεκάνην bedeuten? Welchen Gott bezeichnet τὸν θεόν? Wahrscheinlich ist der θεός κατ' ἐξοχήν, Zeus gemeint; doch man sollte, da die Pythia genannt wird, zunächst an Apollo denken.

Mit einer gewissen Geringschätzung urteilt ferner der Verfasser (828F) über die solonische Gesetzgebung: Τί γὰρ ὤνησε Σόλων Ἀθηναίους ἀπαλλάξας τοῦ ἐπὶ σώμασιν ὀφείλειν; allein weit anders lautet hierüber der Bericht bei Plut. (Vit. Sol. 15,27): καὶ σεισάχθειαν ὀνομάσαι τὸ φιλάνθρωπον κτλ. Ebendaselbst sagt Plut.: καίτοι ἔγραψαν, οὐκ ἀποκοπῇ χρεῶν, ἀλλὰ τόκων μετριότητι κουφισθέντας τοὺς πένητας, unser Autor aber schreibt mit einer Übertreibung: δουλεύουσι γὰρ ἅπαντες τοῖς ἀφανισταῖς κτλ.

Die bekannte, auch bei Plutarch wiederholt gegebene Erzählung, dass die Perser ihren Kindern das ἀκοντίζειν und τἀληθῆ λέγειν lehrten, hat in unserer Schrift (829 C) die läppische Modifizierung gefunden καίτοι Πέρσαι γε τὸ ψεύδεσθαι δεύτερον ἡγοῦνται τῶν ἁμαρτημάτων, πρῶτον δὲ τὸ ὀφείλειν.

Auch hält es der Autor förmlich für seine Aufgabe, nach Art eines moralisierenden Philosophen[1]) gegen die Schlechtigkeiten und Verkehrtheiten der Menschen zu eifern und diese für alle bestehenden Übel verantwortlich zu machen. So tadelt er (827 F) die Verschwendung und Verweichlichung, (828 A) den Luxus, (828 C) die Unzufriedenheit mit den Verhältnissen, (829) die unersättliche Habgier, (830C) die Schwelgerei der Vornehmen, (831E) den unermesslichen Aufwand für öffentliche Zwecke, kurz, er sieht in der Welt nur Gebrechen und Elend. Diese Thatsache aber steht im grellsten Widerspruche mit der optimistischen Weltanschauung[2]) Plutarchs, der nirgends in seinen Schriften Klagen solcher Art vorbringt.

Klar und deutlich kennzeichnet sich als unecht die umfangreiche, für die Kenntnis der attischen Redner nicht unwichtige Schrift:

$$Bίοι\ τῶν\ δέκα\ ῥητόρων.$$

Charakter und Stil dieses Traktates beweisen nämlich so klar die Unechtheit, dass es eines Beweises hiefür nicht mehr bedarf; auch nicht das geringste Merkmal erinnert an die plutarchische Schreibart. Selbst Wyttenbach,[3]) sonst in der Kritik der plutarch. Schriften sehr konservativ, muss von ihr zugestehen: Hunc (scil. librum de X oratt.) non esse Plutarchi ita manifesto arguunt cum ratio tum oratio, ut dudum iam constet de hac re inter doctos homines; in neuerer Zeit hat nochmals Schäfer[4]) die Unechtheit eingehend nachgewiesen.

Der Stil der vorliegenden Schrift ist trocken und matt, fast durchgehends bewegt er sich nur in der monotonen und geistlosen Aufzählung der wichtigsten Lebensschicksale und Schriften der 10 attischen Redner. Dabei sind aber die Angaben des Autors oft unsicher und schwankend; denn fast bei jeder hat er ein *ὥς τινές φασιν, ὥς τινες νομίζουσιν, ὥς τινες εἶπον, ὥς τισι δοκεῖ, ὡς ἐνίοι, ὥς φησιν* etc. hinzugefügt[5]). Auch der Hiat ist vollständig vernachlässigt und zwar in einer so ausgedehnten Weise, dass keine andere pseudoplutarchische Schrift so viele und so schwere Verstösse gegen die Beobachtung dieser stilistischen Regel aufweist.

---

[1]) In eine viel zu späte Zeit datiert Döhner, Quaest. Plut. III pag. 47 die Abfassung unserer Schrift, wenn er zu der Stelle 830 C von einem „monachus gulosus" spricht.

[2]) Siehe hierüber Volkmann pag. 31.

[3]) Mor. tom. IV p. 284.

[4]) De lib. vitarum X oratorum, Dresden 1844, p. 1—23.

[5]) Als Gewährsmänner citiert er wiederholt, z. B 832D, 833D die bekannten Rhetoren Caecilius von Kalakte und Dionysius von Halikarnass.

Ebenso verrät die Diktion, wie schon bemerkt, nichts Plutarchisches und enthält manche Abweichungen von dessen Sprachgebrauche; es seien hier nur einige angeführt: δέομαι ἵνα statt des bei Plut. gebräuchlichen ὅπως (cf. I. T. p. 32); ἕως mit Genetiv', z. B. 832F ἕως καταλύσεως, 835D ἕως Κλεάρχου; die Anführung eines besonders wichtigen Beweises mit τὸ μέγιστον 842F, wofür ausnahmslos bei Plut. τὸ δὲ μέγιστον erscheint; der häufige Gebrauch von τὲ καί (cf. I. T. p. 30) etc.

Wie die ganze Schrift, sind auch die drei am Schlusse angeführten ψηφίσματα unecht; ohne Zweifel hat sie der Autor zum Teil aus dem noch erhaltenen Volksbeschlusse des Redners Lykurg[1]) entnommen, bezw. nachgebildet; denn ihre Form und Abfassung weicht von der bei den athenischen ψηφίσματα gebräuchlichen beträchtlich ab.

Weit gehen die Meinungen der Kritiker auseinander über die nächstfolgende Schrift:

Περὶ τῆς Ἡροδότου κακοηθείας.

Bähr[2]) hat die Autorschaft Plutarchs in Abrede gestellt; auch Döhner[3]) bezweifelt, allerdings ohne bestimmte Beweise dafür anzuführen, die Authentie; dagegen ist Lahmeyer in seiner Preisschrift, de lib. Plut., qui de malignitate Herodoti inscribitur, et auctoritate et auctore, Göttingae 1848 für die Echtheit eingetreten; auch Muhl[4]) und Holzapfel[5]) sind seiner Ansicht gefolgt. So stehen sich also zwei Ansichten diametral einander gegenüber; welcher von beiden wir uns anschliessen müssen, wird das Resultat der folgenden Untersuchung lehren.

Was vor allem die Ursache zur Abfassung der vorliegenden Schrift anlangt, so gibt der Autor selbst im Eingange (Cap. 1, 20) genügenden Aufschluss: ἐπειδὴ δὲ τῇ κακοηθείᾳ μάλιστα πρός τε Βοιωτοὺς καὶ Κορινθίους κέχρηται, οἶμαι προήκειν ἡμῖν ἀμυνομένοις ὑπὲρ τῶν προγόνων ἅμα καὶ τῆς ἀληθείας; wir haben demnach eine Rechtfertigung der Böotier gegen die gehässigen Angriffe Herodots in seiner Darstellung der Perserkriege.

Nun aber stimmt mit der Tendenz der vorliegenden Schrift die Thatsache überein, dass Plutarch auch in seinen übrigen Schriften

---

[1]) cf. CIA. II, 1, 240; dass solche Falsifikate überhaupt sehr häufig hergestellt wurden, zeigt Westermann, Über die Urkunden bei d. att. Rednern, Abh. d. sächs. Ges. 1850 I, 1 ff.
[2]) Heidelb. Jahrbch. 1864, pag. 52.
[3]) Quaest. Plut. III p. 52.
[4]) Plut. Studien, Augsburg, Gymn. Progr. 1885, pag. 25.
[5]) Philol. 42, 23.

häufig gegen Herodot eine fast feindselige Gesinnung an den Tag legt und gegen ihn polemisiert, z. B. Coniug. praec. 139 C Οὐκ ὀρθῶς Ἡρόδοτος εἶπεν, ὅτι ἡ γυνὴ ἅμα τῷ χιτῶνι κτλ.; τοὐναντίον γὰρ ἡ σώφρων ἀντενδύεται τὴν αἰδῶ. Vit. Arist. 19,22 θαυμαστὸν οὖν τὸ Ἡροδότου, πῶς μόνους τούτους φησὶν εἰς χεῖρας ἐλθεῖν τοῖς πολεμίοις. Iedoch muss es auffällig erscheinen, dass unser Verfasser in seiner Polemik gegen den herodoteischen Bericht[1]) sehr heftig, oft sogar gehässig verfährt und in seinem böotischen Patriotismus den Historiker angreift, wie 857 A Ἡρόδοτος δὲ κατηγορεῖ τῶν βιασθεισῶν γυναικῶν, ἀπολογούμενος ὑπὲρ τῶν ἁρπασάντων; ibid. E ταῖς Αἰγυπτίων ἀλαζονείαις καὶ μυθολογίαις τὰ σεμνότατα καὶ ἁγνότατα τῶν Ἑλλήνων ἱερῶν ἀνατρέπων; 856 E ὁ γενναῖός φησιν; ähnlich 845E εὐρυθμός τε καὶ πολιτικὸς ὁ μυκτὴρ τοῦ συγγραφέως, ebenso ὁ δίκαιος συγγραφεύς, ὁ χαρίεις συγγραφεύς.

Allerdings erscheinen diese heftigen Ausfälle der Schreibart Plutarchs fast unwürdig, doch kann diese Thatsache noch nichts beweisen; denn auch echte Schriften zeigen analoge Beispiele, wo der sonst so ruhige, sich stets gleich bleibende Ton des Schriftstellers bisweilen eine solche Schärfe und Schroffheit annimmt, dass dies nur durch das schwer verletzte Sittlichkeitsgefühl oder durch die berechtigte Erbitterung des Autors entschuldigt werden kann. So z. B. adv. Colot. 1112 D ὦ φίλον Κολωτάριον, ibid. 1116 D σοφώτερος δὲ τοῦ Πλάτωνος ὁ Ἐπίκουρος, ibid. 1116F φορτικὸς γὰρ οὖν ὁ Πλάτων, ὁ τοῦτον ἀναγράψας τὸν χρησμόν, φορτικώτεροι δὲ Λακεδαιμόνιοι, σοφιστικὸν δὲ ἦν διήγημα τὸ Θεμιστοκλέους, ᾧ πείσας Ἀθηναίους τὴν πόλιν ἐκλιπεῖν κτλ., ibid. 1117 D πῶς γὰρ οὐκ ἀλαζόνες οἱ Σωκράτους λόγοι.

Also der gereizte Ton der Darstellung fiudet sich, wenn auch nicht so ausgeprägt, in plutarchischen Schriften; besonders zeigt adversus Coloten dieselbe heftige Sprache, dieselben Angriffe, überhaupt die gleiche rhetorische Technik; wir dürfen deshalb mit Recht folgern, dass beide Schriften recht wohl von einem Verfásser herrühren können. Soviel haben wir demnach bis jetzt gesehen, dass die Schrift in Stil und Komposition nicht von Plutarchs Manier abweicht.

---

[1]) Plutarch folgte hiebei anderen Autoren, welche gleichfalls gegen Herodot polemisierten z. B. Flav. Ios. c. Apion. I, 14; vergl. hiezu auch die Notiz bei Suidas, s. v. Harpokration: ἔγραψε περὶ τοῦ κατεψεῦσθαι τὴν Ἡροδότου ἱστορίαν.

Gehen wir nun einen Schritt weiter und betrachten die grammatische Seite derselben:

Cap. 1 ἐπειδὴ — κέχρηται μηδὲ τῶν ἄλλων τινός[1]) hat die Negation nichts Auffälliges (cf. Stegmann Neg. § 9 u. § 12).

Κατ' αὐτὸ τοῦτο τῆς γραφῆς τὸ μέρος[2]) ist κατά nach plutarchischer Weise konstruiert (vergl. 675 E καθ' ὃν λόγον).

855A ἐν λόγῳ χάριν ἔχοντι καὶ δύναμιν zeigt eine bei Plutarch sehr beliebte Phrase mit ἔχω (siehe Lex. Plut. ed. Wyttenb. s. v. ἔχω); ibid. E οὐδ' ἀρνοῦνται ἐπιχειρεῖν, auch Plutarch unterlässt nach ἀρνεῖσθαι und ähnl. Verben die Negation im abhängigen Jnfinitivsatze (cf. I. T. p. 33). 856 B die Negation in ἐὰν σὺν οὐδενὶ πόνῳ ist nicht gegen den plutarchischen Gebrauch (cf. Stegmann § 11 C); ibid. C ἥδυσμα, ähnliche Substantiva bildet er mit Vorliebe, z. B ἀσέβημα Alc. 16 in., τόλμημα M. 755 C, νίκημα Lyc. 22,11; ibid. D ἀρκοῦσι δὲ οὗτοι κατανόησιν τοῦ ἀνθρώπου παρασχεῖν, dieser finalkonsekutive Gebrauch des Jnfinitivs findet sich besonders ausgeprägt in der späteren Gräcität und bei Plut.

857C auffällig wäre das Adverbiale τἀναντία statt des gewöhnlichen τοὐναντίον, doch erscheint der Plural eines Adjektivs in adverbialer Bedeutung nicht selten bei Plutarch (Beispiele siehe I. T. p. 23); ibid. F τῶν ἑπτὰ σοφῶν, diesen Namen legt derselbe ebenfalls den 7 Weisen bei, weshalb dann auch die tadelnde Bemerkung οὓς αὐτὸς σοφιστὰς προσεῖπε sich erklären lässt; ibid. F die Perfektopräsentia εἴρηκεν, γέγραφεν, πεποίηκεν etc. haben nichts Anstössiges (siehe I. T p. 27).

859 B ἄγος προστέτριπται ein bei Plutarch in dieser Verbindung sehr häufiges Verbum (cf. Wyttenb. animadv. I. Bd. p. 503); ibid. E ἐκτὸς δρόμου findet sich metaphorisch gebraucht auch bei Plut., z. B. Nic. 8 fin.; ibid. F τὸν υἱὸν αὐτοῦ zeigt die in der späteren Gräcität, jedoch nicht bei Plutarch gebräuchliche freie Stellung des Pron. reflex.[3]).

---

[1]) Döhner glaubt (nach Ed. Ald.), dass in dem Satze τοῦ Ἡροδότου πολλοὺς μὲν ἐξηπάτηκε nach τοῦ Ἡροδότου etwas ausgefallen sei; doch ohne Grund, da der Sinn vollständig ist, höchstens wäre τοῦ συγγραφέως oder τοῦ ἱστορικοῦ zu ergänzen.

[2]) Die Parise Ausgabe hat hier nach κατ' αὐτό 2 Sternchen, allein es ist nichts ausgefallen; denn der Gedanke κατ' αὐτὸ τοῦτο κτλ. kann an den vorhergehenden Satz ganz gut angeschlossen werden

[3]) Indes ist es auch möglich, dass αὐτοῦ korrigiert werden muss, weil die Lesearten αὑτοῦ und αὐτοῦ in den Handschriften überhaupt sehr variieren.

860 A τὸ τιμώρημα ποῖόν τι ist ein beliebter Atticismus, den auch Plutarch häufig anwendet (vergl. hierüber Wyttenb. zu de lib. ed. 1 D); ibid. E ἀποδιοπομπουμένον τὸν Ἰσαγόραν, in der nämlichen Bedeutung steht dieses Verbum auch bei Plut. M. 73 D.

862 C παραιτεῖσθαι ὅπως ἀποθύωσι zeigt keine Abweichung vom plutarchischen Gebrauch (vergl. I. T. p. 32).

863 B ἕως διεβλήθη μιγνύμενος erscheint διαβάλλω in ähnlicher Weise konstruiert wie ἀγγέλλω, φράζω, z. B. Per. 18,31 ἀνηγγέλθη τεθνεὼς μὲν αὐτὸς Τολμίδης; ibid. 863 B ἐπεὶ ἅπαντες ἴσασιν οὐκ ἀπειπαμένους τὴν συμμαχίαν ist die mediale Form des Verbums sowie ihre Konstruktion plutarchisch (siehe I. T. p. 27); ibid. F κατῄσχυναν ἂν τὸν Ἡρακλέα wäre ἂν sinnlos, ohne Zweifel liegt eine Dittographie vor und muss deshalb die Partikel gestrichen werden.

866 A μέχρι μὲν οὖν προῆλθον hat die Konjunktion μέχρι die bei Plutarch gebräuchliche Bedeutung = so lange als (cf. I. T. p. 37); ibid. B οὐ χεῖρόν ἐστι διελθεῖν ist ein Atticismus, den Plutarch häufig gebraucht (siehe hierüber I. T. p. 8); ibid. B ἐπιτάφιον αὐτῷ ἠγωνίσαντο gibt αὐτῷ keinen rechten Sinn, zu lesen ist αὐτῶν (scil. τῶν τεθνηκότων), wodurch auch der schwere Hiat beseitigt wird.

Die Struktur 868 A τοσοῦτον ἀποδεῖ τοῦ πρότερον ὀνομάζειν ὥστε κτλ. hat auch Plutarch, z. B. M. 698 E τοσοῦτον ἀποδεῖ (Wyttenb. ἀποδέει) τοῦ τὸ ὑγρὸν ἀπελαύνειν; desgleichen die Wendung ibid. C ἐπὶ τοῦ γραφείου συντιθεὶς φαύλας αἰτίας καὶ ὑπονοίας, ähnlich auch Plut. 1120 C τὸν Σωκράτην τοσαυτάκις θέμενος ὑπὸ τὸ γραφεῖον.

869 A εἰ εἷς ἀνὴρ ἐγκωμιασθῇ scheint offenbar unrichtig, zu emendieren ist ἐάν, was sowohl die Form ἐγκωμασθῇ als auch der schwere Hiat εἰ εἷς verlangt; die auffällige Struktur ibid. C βουλεύματος, ὃ βουλεύσας τῇ Ἑλλάδι zeigt sich in derselben Fassung auch bei Plut. Caes. 38,26.

871 A οὐχ ὅπως — ἀλλ' οὐδέ erscheint in dieser Verbindung auch bei Plutarch (cf. Stegmann § 35); ibid. E τὸ ›παρ' αὐτόν; ähnlich Nic. Crass. 3,22 παρ' αὐτόν.

Diese Ausführungen werden wohl beweisen, dass die Schrift auch in grammatischer Hinsicht keine Abweichungen von dem plutarchischen Sprachgebrauche aufweist.

Dasselbe gilt von den rhetorischen Floskeln, welche sich zahlreich in ihr finden. Nach dem sehr ausgeprägt rhetorischen Charakter der Schrift zu urteilen, gehört sie wohl zu den Jugendwerken Plutarchs; denn der Verfasser hat, um besonders mit Nachdruck zu wirken, sehr viele stilistische Kunstmittel mit grossem Geschick angewendet, woraus wir eben untrügliche Kriterien für unsere Schrift als eine noch unter dem Eindrucke der Rhetorenschule entstandene entnehmen können. (Näheres Details siehe bei Lahmeyer p. 93).

Fassen wir nun alle bisher betrachteten Gesichtspunkte zusammen, so können wir behaupten: Weder grammatische noch sachlich-historische Gründe (siehe letztere bei Lahmeyer p. 10 ff.), stehen der Autorschaft Plutarchs entgegen; denn plutarchisch ist die Sprache, überhaupt die gesamte rhetorische Technik; den heftigen, gereizten Ton, der vielleicht befremden kann, zeigen, wie wir gesehen haben, ebenfalls andere Schriften desselben; zudem darf auch nicht verkannt werden, dass hier der in seinem Nationalstolze durch den herodoteischen Bericht tief beleidigte Boeotier spricht, weshalb ja auch die Veranlassung zur Abfassung einer solchen Schrift für Plutarch sehr nahe lag.

Gleich dem sprachlichen Charakter spricht endlich auch noch die sorgfältige Beobachtung des Hiates für die Echtheit; Benseler (pag. 415 ff.) zählt zwar 11 schwere Hiate, doch lassen sich, wie Lahmeyer (pag. 85 ff.) beweist, alle durch eine einfache Emendation beseitigen; nur zwei Stellen (856 F εἰ μὴ αὗται ἐβούλοντο und 858 B Πιττακοῦ ἀριστείας) bieten Schwierigkeiten[1]); indes sind diese wenigen Fälle im Verhältnisse zu dem Umfange der Schrift ohne jede Bedeutung.

Verschiedene Beurteilung bezüglich der Echtheit hat der nur wenige Kapitel umfassende Traktat:

Ἐρωτικαὶ διηγήσεις

gefunden.

Während Wyttenbach[2]) behauptet: non videtur a Plutarcho scriptus libellus, auch Benseler[3]) sowie neuerdings Schellens[4]) auf Grund des durchweg vernachlässigten Hiates die Autorschaft Plutarchs leugneten, sind Winckelmann und Rösch[5]) für dieselbe eingetreten, allein ohne jede Berechtigung; denn Sprache und Komposition, nicht minder der Inhalt beweisen klar die Unechtheit. So sind, um gleich zu unserer Untersuchung überzugehen, als abweichend vom plut. Sprachgebrauche anzuführen:

---

[1]) 854 F ἀμύνεσθαι ὑπὲρ τῶν προγόνων ist verderbt; die Ald. hat ἀμυνομένης, Stephanus emendiert ἀμυνομένοις, wohl mit Rücksicht auf das vorhergehende προσήκειν ἡμῖν.
[2]) Mor. tom. IV pag. 88.
[3]) Jn der schon citierten Schrift pag. 506.
[4]) De hiatu in oratt. Att. pag. 3.
[5]) Übersetz. pag. 249.

Die Form Θήβη = Θῆβαι 775 A; der Gebrauch der Verba ἐφέρετο πλέον 772 A, ἀνιμήσατο 773 E, ἵεται und ἵετο 774 B, F, ἀπερείσονται 775 E.

Wie fast in allen pseudoplut. Schriften, erscheint hier nur die spätere Form γίνεσθαι, γίνονται etc. z. B. 771 F, 772 E, 773 C, 774 D, 775 C; dasselbe gilt auch von dem pleonastischen πέμψας in πέμψας ᾔτει 772 D; dafür hat Plut. stets πέμπων, φέρων (vergl. hiezu M. 827 F).

Ein Latinismus, der bei Plutarch sich nicht findet, ist die Struktur 773 A οἱ δὲ πλέον οὐδὲν ἢ τὸν ἄνδρα ἠλέουν.

Unplutarchisch ist ἄν mit Opt. in einem Temporalsatze mit ἕως nach einem Praeteritum ἕως ἂν μετέλθοιεν 773 B. Statt πρὶν ἤ steht gegen den plut. Sprachgebrauch ἤ allein 774 D πρὸ μιᾶς ἡμέρας ἢ συμβαλεῖν. Die Konstruktion ὑπολαμβάνω ὅτι 774 A lässt sich bei Plut. nicht nachweisen (cf. I. T. p. 30). Nie setzt dieser nach den Verben des Hinderns, Leugnens und ähnl. Verben im abhängigen Satze die Negation μή, doch so bei unserem Autor 775 D ἐκώλυσαν οἱ ἐχθροὶ μὴ μνηστεύεσθαι. Auch die Komposition verrät nicht den plutarchischen Charakter; die einzelnen Erzählungen sind in Bezug auf stilistische Bearbeitung steif und trocken, ohne Wärme und Geist, die immer wiederkehrenden, gleichen rhetorischen Wendungen lassen sofort die Unfertigkeit des Verfassers erkennen; man vergl. nur 771 F κόρη τις γίνεται, 772 E υἱὸς Ἀκταίων γίνεται, 773 C θυγατέρες γίνονται, 775 πατὴρ θυγατέρων γίνεται; oder 771 F τῆς παρθένου ἠττημένος, 773 C τῶν παρθένων ἠττημένοι; ähnlich 772 A ἀπορῶν δὲ τῷ πράγματι, 773 D ἠπόρει τῷ πράγματι etc.

Wie die Diktion, sind auch die Liebesgeschichten höchst dürftig und monoton; so wird in den meisten — es sind deren nur fünf — stets dieselbe Begebenheit, nur mit einer kleinen Änderung der Scene wiedergegeben, z. B. in der I., II. und IV. Partie. Dabei aber setzt sich der Verfasser in seinen Ausführungen gegenüber Plutarch in Widerspruch; (774 C) sagt er: Ἐπαμεινώνδας ὁ Θηβαῖος πρῶτον μὲν τὴν παρ' αὐτῷ (wohl αὑτῷ) φρουρὰν ἀπέσφαξε κτλ.; doch (Vit. Pel. cap. 15) wird berichtet, dass Pelopidas allein den Überfall gegen die spartanische Besatzung ausführte, während Epaminondas sich ferne hielt. Ebenfalls ergibt sich eine Kontroverse bei dem Berichte über das Opfer des Pelopidas vor der Schlacht bei Leuktra (774 D) und Plut. Pel. cap. 21). (Näheres hierüber siehe bei Volkmann pag. 128).

Alle diese Bedenken gegen die Authentie werden endlich auch durch die Thatsache bestätigt, dass der Hiat gänzlich vernachlässigt ist; denn trotz ihres geringen Umfanges weist die Schrift dennoch 38 zum Teil sehr schwere Hiate auf, weshalb mit Recht auch Benseler und Schellens sie für apokryph erklärten.

Unecht, aber höchst wertvoll für die Kenntnis der griechischen Philosophie ist die umfangreiche Schrift:

Περὶ τῶν ἀρεσκόντων.

Wenn Wyttenbach[1]) von derselben bemerkt: Compendium est maioris operis sive Plutarchei sive alterius; certe compendium neque illud a Plutarcho factum, so muss ihm, wenn auch mit einer kleinen Einschränkung, entschieden beigestimmt werden; sie ist in der That ein dürftiger Auszug[2]) eines grossartig angelegten Werkes mit Ausnahme der sieben ersten Kapitel, die vollständig durchgearbeitet sind. Wie schon Volkmann nach dem Beispiele Becks[3]) darauf hingewiesen hat, beabsichtigte wahrscheinlich der Kompilator das ganze ihm vorliegende Werk zu excerpieren, aber wohl infolge des umfangreichen Materials beschränkte er sich bald darauf, nur die hauptsächlichsten Punkte ohne Hinzufügung eines subjektiven Raissonnements anzugeben; dies zeigt besonders die Diktion: Kleine Sätze meist im Acc. c. Inf. stehend, sehr häufig ohne Verbum finitum; statt deren steht sogar hie und da nur ein einzelner prägnanter Ausdruck wie κρυσταλλοειδῶς, ἀοράτως, κυκλοτέρως u. a.; nur an wenigen Stellen, III 20, IV 5, 11, 12, 19—21, V 18—27 erscheinen einige umfangreichere Erläuterungen, kurz, die ganze Anlage der Schrift verrät die grösste Flüchtigkeit und Oberflächlichkeit, die mit der breiten und eine gewisse Behaglichkeit liebenden schriftstellerischen Manier Plutarchs völlig unvereinbar ist.

Wenn aber schon die Komposition uns bestimmen muss, die Autorschaft Plutarchs in Abrede zu stellen, so werden wir in dieser Annahme durch die grammatischen Kriterien erst vollends bestärkt; denn ihr sprachlicher Charakter erinnert auch in nichts an dessen Schreibart; so seien folgende markante Beispiele erwähnt:

Die Form der disjunktiven Konjunktion ἤτοι —'ἤ 878B, 879C, ebenso ἤτοι = ἤ 881 B, ἤπερ = ἤ 892 B; hiezu gehören auch ὁτὲ μέν — ὁτὲ δέ 884F; τοτὲ μέν — τοτὲ δέ 887A; οἱονεί = ὥσπερ εἰ 878A, 883B; endlich das häufige τὲ καί. Der Gebrauch des relativen Pronomens in 885C ἃ μέν — ἃ δέ — ἃ δέ statt des demonstrativen (cf. I.T. p. 24).

---

[1]) Mor. tom. IV, p. II, 6.
[2]) Dies geht auch aus der [praefatio] des III. Buches hervor: Περιωδευκὼς ἐν τοῖς προτέροις ἐν ἐπιτομῇ τὸν περὶ τῶν οὐρανίων λόγον.
[3]) Götting. Biblioth. d. alt. Litterat. d. Kunst 1788, p. 700ff.; seine Ansichten werden von Diels, in der Ausgabe der griech. Doxographen Berlin 1879 pag. 57 ff. teilweise richtig gestellt.

Die Struktur des Inf. absol. ὡς δὲ βραχέως εἰρῆσθαι συντέμνοντα 890 C (cf. Stegmann, krit. Beiträge z. Plut. Mor. p. 18).

Die Anwendung der Negation οὐ statt μή in den Konsekutivsätzen, z. B. ὥστε οὐ τὸ αὐτὸ εἶναι 886 C [1]). Ohne Beispiel bei Plut. sind die Adverbia: ἐμφερῶς 885 A, ἐνδοτέρω 909 B, μεταφορικῶς 884 B, παρακειμένως 882 B, μεταβατικῶς 896 A, τυχικῶς 906 E, προσεχῶς 897 D, μακρόθεν 894 D u. a.; desgleichen die Konstruktion der Verba ἐφοδεύειν, περιοδεύειν 895 C, 897 C, ἀπογινώσκειν = negare 881 B (auffällig erscheint auch der durchgehende Gebrauch der späteren Form γίνομαι, γίνεσθαι, ἀπογινώσκειν, während bei Plutarch auch die attische γίγνομαι, γίγνεσθαι sich findet); ἐν ταὐτῷ ἀθροίζεσθαι 878 D statt des bei Plut. gebräuchlichen εἰς ταὐτὸν ἀθροίζεσθαι.

Nie setzt Plut. zu Namen von berühmten Männern wie Sokrates, Plato das Patronymikon[2]), z. B. 878 B Σωκράτης Σοφρονίσκου Ἀθηναῖος, Πλάτων Ἀρίστωνος Ἀθηναῖος, 876 E Πυθαγόρας Μνησάρχου Σάμιος, Ἀριστοτέλης Νικομάχου Σταγειρίτης.

Zu diesen sprachlichen Kriterien kommt ferner in unserer Schrift, wie fast bei allen pseudoplutarchischen Werken, der Umstand hinzu, dass der Hiat völlig vernachlässigt ist; dem Kompilator war die Beobachtung desselben gänzlich unbekannt (vergl. Benseler p. 512). Was nun die Person des Autors betrifft, so erhalten wir aus der Schrift selbst einige interessante Aufschlüsse. Vor allem erkennen wir aus der hervorragenden Stellung, welche den Stoikern bei der Aufzählung der einzelnen Philosophen und ihrer Ansichten über den λόγος φυσικός zugeteilt wird, dass derselbe ein Anhänger dieser Schule war; schon gleich in der Einleitung, wo die Dreiteilung der Philosophie (φυσική, ἠθική, λογική) sowie das Wesen derselben bestimmt wird, heisst es mit einer gewissen Pointe: Οἱ μὲν Στωικοὶ ἔφασαν τὴν μὲν σοφίαν κτλ.; und diese Präponderanz setzt sich dann auch in der Folge durch die ganze Schrift fort. Gegen Plato und die Akademie erhebt er ferner eine scharfe Polemik, z. B. 881 A Πλάτων ὁ μεγαλόφωνος εἰπών, ὁ θεὸς ἔπλασε τὸν κόσμον .. .. ὄζει λήρου βεκκεσελήνου, κατά γε τοὺς τῆς ἀρχαίας κωμῳδίας ποιητάς; ibid. B κοινῶς οὖν ἁμαρτάνουσιν ἀμφότεροι (scil. Plato und Anaxagoras). Also auch aus dieser Stelle geht zur Evidenz hervor, dass der Verfasser mit Plutarch nicht identificiert werden darf; denn letzterer war trotz des Eklekticismus, dem er, wie alle Philosophen der späteren Zeit, offenkundig huldigte, ein Anhänger der Akademie.

---

[1]) Diels streicht diese Worte.
[2]) So stand auch im Originale, aus dem unsere Kompilation floss (vergl. Stob. Eclog. I, 10, 12, 16).

Der Zusatz zu 881 A κατά γε τοὺς τῆς ἀρχαίας κωμῳδίας ποιητάς kann aber wohl zu einem weiteren Schlusse berechtigen, nämlich der Verfasser beschäftigte sich auch mit litterarhistorischen Studien, wie dies sein Exkurs über die alte Komödie zu Aristophanes sowie über eine Stelle in einem euripideischen Stücke (880 E) beweist, er war also zugleich ein κριτικός.

Fragen wir endlich nach der Quelle, aus dem der Kompilator in so reichem Masse schöpfte, so geben uns zwei mit der vorliegenden gleichgeartete Schriften gewisse Anhaltspunkte; nämlich die pseudogalenische Schrift περὶ φιλοσόφου ἱστορία[1]) sowie die Eklogen des Stobaeus (I, 1—46, IV, 35, 36 ed. Beckker) enthalten die gleichen Ausführungen, wobei sogar die Titel der einzelnen Kapitel genau miteinander übereinstimmen; nur bei Galen geht im Anfange ein kleiner Abschnitt (Cap. I—IV) über einige Fragen der Logik voraus; in den Eklogen ist am Anfange eine kleine Lücke.

Es haben demnach Stobaeus, Pseudogalen und Pseudoplutarch ohne Zweifel aus ein und derselben Quelle geschöpft. Meineke, (Mützels Zeitschrift für d. Gymnasialwesen 1859, 13. Bd. p. 563 ff.) hielt, gestützt auf eine Notiz bei Clem. Alex. Strom. I, p. 300 sowie bei Eusebius, (praep. evang. XI, 23) den Philosophen Areius Didymus für die Quelle des Stobaeus, folglich gilt dies auch für die beiden anderen Epitomatoren, da ja die Berichte derselben einander gleichen. Seine Behauptung widerlegte Diels, doxogr. Gr. p. 69. Übrigens zeigen die Fragmente[2]) der Epitome des Ar. Didymus, welche uns durch Eusebius und Stobacus erhalten sind, einen wesentlich verschiedenen stilistischen Charakter als die drei besprochenen Excerpte; schon deshalb also ist die Behauptung Meinekes unhaltbar.

Ohne Grund wurde die Echtheit der völlig in plut. Manier geschriebenen Abhandlung[3]):

Αἰτίαι φυσικαί

angezweifelt. Döhner, Quaest. Plut. II, pag. 14 nennt sie „miseras Plutarchi imitatorum quisquilias" ,ihm pflichtet auch Volkmann (I. Teil pag. 188) ohne weitere Begründung bei.

---

[1]) Auch sie soll nur ein Auszug sein, wie die Einleitung beweist: σαφῶς καὶ συντόμως σπουδάσαντες περὶ τούτου διαλεχθῆναι.
[2]) Abgedruckt bei Diels, dox. Gr. p 447.
[3]) Sie ist nur teilweise erhalten, da sich am Schlusse eine Lücke findet, wahrscheinlich enthielt sie 39 quaestiones, die uns in einer lat. Übersetzung des Italieners Gybert Longolius (14. Iahrhdt.) vollständig überliefert sind.

Jedoch wird diese Ansicht durch die schwer wiegende Thatsache widerlegt, dass unser Traktat keine Abweichung vom plutarchischen Sprachgebrauche aufweist. Ferner zeigt er wie ähnliche exegetische Abhandlungen Plutarchs, z. B. αἴτια Ῥωμαϊκὰ καὶ Ἑλληνικά, Πλατωνικὰ ζητήματα die in der peripatetischen[1]) Schule gebräuchliche und von Plut. mit Vorliebe angewendete Manier der wissenschaftlichen Untersuchung, nämlich Aufstellung der Frage, dann Lösung derselben gewöhnlich durch Distinktion (πότερον — ἤ, ἤ — καί) mit Hinweis auf einen Gewährsmann. Der Stil erscheint einfach und schlicht, ohne rhetorisches Kolorit, die copia verborum weicht von der bei Plut. gebräuchlichen nicht ab. Die Argumentation bewegt sich in ruhiger und klarer Darstellung, kurz, die ganze Schrift ist im plutarchischen Geist und Stil geschrieben. Einige vielleicht auffällige grammatische Erscheinungen, die dieselbe enthält, lassen sich durch Belege aus den echten Schriften als plutarchisch nachweisen; so der Plural des Verbums bei einem Neut. Plur. 915 B τὰ πηγεῖά εἰσιν; ebenso die Negation μή in 915 C ἐπεὶ μὴ βαφέντα μηδὲ χρισθέντα κτλ. Die Formen des Komparativs βρᾴδιον, τάχιον hat auch Plutarch (Beispiele siehe I. T. p. 21). Der Infinitiv nach φοβοῦμαι 915 F φοβοῦνται τρίβειν entspricht dem plutarchischen Sprachgebrauche (cf. I. T. p. 32). Den Optativ in einem Deklarativsatze nach vorausgehendem Praesens 917 F, λέγεται ὁ μῦθος ὡς ἀφαρπάσειεν ὁ Πλούτων gebraucht in demselben Falle auch Plutarch, z. B. Dem. 26, 12 λέγεται ὡς αἴσθοιτο (Weitere Fälle siehe I. T. p. 30). In 918 D οἱ χαρίεντες ἰατροί hat das Adjektiv die prägnante Bedeutung von bonus, ähnlich bei Plutarch M. 707 D. Auch Stegmann (Negation § 41,9), der die vorliegende Schrift zu den „erwiesen unechten" Werken rechnet, muss trotzdem zugeben, dass der Gebrauch der Negation plutarchisch ist.

Endlich spricht auch die sorgfältige Beobachtung des Hiates (cf. Benseler pag. 514) für die Autorschaft Plutarchs.

Gehen wir zu einer anderen, mit Unrecht für echt geltenden Schrift über:

Περὶ μουσικῆς.

Sie hat der bedeutendste Kenner der antiken Musik, Westphal, in seiner Ausgabe derselben (Anhang pag. 26) wegen ihres für die Kenntnis der griechischen Musik sehr bedeutsamen Jnhaltes für echt erklärt; jedoch musste er, wahrscheinlich mit Rücksicht auf die nachlässige Komposition des ganz aus Excerpten zusammen-

---

[1]) Vergl. die „Probleme" des Aristoteles.

gesetzten Traktates, selbst eingestehen (pag. 32), dass „da⟨s⟩ Epitomatorenverfahren im Dialoge über die Musik mit ⟨einer⟩ selbständigen Stellung, welche Plutarch in Bezug auf Dinge in den προβλήματα συμποσιακά einnimmt, in ei⟨ner⟩ schiedenen Differenz stehe." Und er sucht deshalb uns⟨e⟩ ein Jugendwerk Plutarchs auszugeben.

Doch ist diese Behauptung Westphals nicht richti⟨g⟩ kann nicht geleugnet werden, dass die Schrift wertv⟨oll⟩ für die Geschichte der griechischen Musik, besonders für⟨⟩ kunde enthält (siehe hierüber Westphal pag. 12); allein die Komposition, überhaupt ihr ganzer Charakter w⟨eicht⟩ von der plutarchischen Manier ab, dass wir unmögli⟨ch⟩ echtes Werk erkennen können. Schon der Franzose Amyo⟨t⟩ von ihr: le style ne semble point estre de ⟨⟩ denn der Stil zeigt manchfache Abweichungen von ⟨⟩ führe ich an: Die Form des Adjektivs χρησίμη, 6 mal findet. Verhältnismässig häufig steht das augn⟨⟩ quamperfekt (bei Plutarch nur in sehr wenigen Fällen⟨⟩ παρακεκλήκει; ibid. συντετέλεστο; 1134 C συμβεβήκει; 11⟨⟩ Die Verbindung 1134 F ποτὲ μέν — ποτὲ δέ hat nu⟨r⟩ gleichfalls unechte Schrift de plac. phil. Die Formatio⟨n⟩ εἰς erscheint nur hier. Gegen Plutarch spricht ferner der Negation in 1142 F ὥστε οὐδὲ ζητεῖν (cf. Stegmann § 41); ebenda noch andere Abweichungen in der Anwendung der ⟨⟩ Die disjunktive Konjunktion ἤτοι — ἤ 1145 D zei⟨gt⟩ nur unechte Schriften, z. B. de lib. ed. 1 D, de plac. p⟨⟩ Bei 1135 A εἰ μή τις ἀπεικάσῃ ist wahrscheinlich gefallen (Wyttenb. schiebt einen ganzen Satz ein, doch 1139 F οὕτως ἔχουσα πέφυκε steht πεφυκέναι mi⟨t⟩ Plut. immer mit Inf., z. B. M. 738 A, Rom. 39, 24. Am deutl⟨ich⟩ spricht gegen die Authentie das häufige Vorkommen v⟨⟩ zähle 37 Fälle); (siehe hierüber Fuhr, Rh. Mus. 33, 590). Auf⟨⟩ auch der latinisierende Gebrauch des Passivs, der bei Pluta⟨r⟩ ist; so findet sich 1137 D ἠγνόητο, (ἠγνόει τοῦ Ὀλύμπου, w⟨ie⟩ hier gelesen wird, ist sinnlos), 1138 C ἀγνοεῖται, 11⟨⟩ δοται, 1138 D λαμβάνεται, 1138 E θεωρεῖται, ἀμφισβητεῖται προσαυλεῖται, ibid. D παραλαμβάνεσθαι, 1142 E προσά⟨⟩ ἐπιφαίνεται, ibid. C, D ἀπορεῖται etc.

---

[1]) Lebte zur Zeit des franz. Königs Heinrich II (⟨⟩ war ein grosser Kenner Plutarchs; über seine Ausgabe der⟨⟩ Wyttenb. Mor. I. Bd. LXVII.

Die Konstruktion 1146 F ὑπολαμβάνω ὅτι enthält nur die gleichfalls pseudoplut. Schrift amat. narr. 774 A.

Hieher gehören auch die rhetorischen Floskeln, welche unser Traktat nur allein hat, während bekanntlich in Plutarchs Schriften fast immer dieselben wiederkehren; so z. B. findet sich in keiner anderen moral. Schrift: 1131 E ἄγε δή, ἀναμνήσατε; 1133 D ἐπεὶ ἐμπεφανίκαμεν; 1134 D οἱ ἀρχαῖοί τι εἰρήκασιν; 1135 D εἰρηκὼς κατὰ δύναμιν; 1138 C δείξομεν, findet sich kurz hintereinander 3 mal: 1138 C δείξομεν ἑξῆς, ibid. D ὡς αὐτίκα δείξομεν, ibid. E δείξομεν; ibid. B ἀποπεφοιτήκασιν; 1138 A ἄν τις φθάνοι καταγινώσκων; 1143 C D ἐπεὶ καὶ ἀπορεῖται etc. Nirgends gebraucht Plutarch als Epitheta zu einem Eigennamen σεμνός wie 1144 E ὁ σεμνὸς Πυθαγόρας oder καλός wie 1145 D, 1146 E ὁ καλὸς Ὅμηρος. Das cognomen zu Φωκίων 1131 B ὁ χρηστός wird von Plutarch in der gleichnamigen Biographie nicht erwähnt.

Ausser diesen grammatischen Bedenken müssen auch noch schwere kompositionelle Verstösse die vorliegende Schrift als unplutarchisch darthun. Wie Cap. 2 beweist: ὁ καλὸς Ὀνησικράτης ἐπὶ τὴν ἑστίασιν ἄνδρας μουσικῆς ἐπιστήμονας παρακεκλήκει, haben wir ein Tischgespräch, an dem sich die drei πρόσωπα Onesicrates, Soterichos und Lysias beteiligen. Man sollte nun nach Art der beiden plutarchischen Tischgespräche Convivium septem sapientium und Quaestiones convivales annehmen, dass diese drei Personen wechselseitig ein reges, mit interessanten Details gewürztes Gespräch führen, in welchem sie die verschiedensten Disciplinen der musischen Kunst frei von allem wissenschaftlichen Zwange behandeln. Doch wie werden wir hierin im Verlaufe des ganzen Gesprächs enttäuscht! Statt eines wechselvollen Dialogs erhalten wir zwei langatmige, gelehrte Vorträge, den ersten von Lysias (Cap. 3—13), den zweiten von Soterichos (Cap. 14—42), denen am Schlusse ein kleiner Epilog (Cap. 42—44) des Gastgebers Onesicrates folgt. Also welcher gewaltige Unterschied zwischen diesem und jenem von Plutarch verfassten συμπόσιον! In letzterem frisches, heiteres Leben, anregende Gespräche, lebensvolle Stimmungen und Scenen, dort weit ausgesponnene Deklamationen, trockene, mit grosser Gelehrsamkeit entwickelte Paraphrasen, überhaupt nichts erinnert an die geistreiche und witzige Darstellung Plutarchs. Und doch wenn man den Worten, welche Soterichos im Eingange (Cap. 2) spricht: τὸ μὲν αἴτιον τῆς ἀνθρώπου φωνῆς, ἔφη ὅτι ποτ᾽ ἐστίν, ὦ ἑταῖροι νῦν, ἐπιζητεῖν, οὐ συμποτικόν· σχολῆς γὰρ νηφαλιωτέρας θεῖται τὸ θεώρημα glauben soll, muss man erwarten, dass der Dialog sich nicht mit subtilen, weit entlegenen Theoremen beschäftigen werde, sondern dass nur einfache, einem Gastmahle angemessene Stoffe behandelt

Plutarch, sondern sie stammen fast ausnahmslos aus frei
welche der Verfasser excerpierte. So sind nach Westphals
über die Quellen (II. Teil p. 19) aus anderen Schriftstellern

Aus Aristoxenos' σύμμικτα συμποτικά, die un
selbst citiert (1146F), die Abschnitte Capp.: 8, 10, 14, 16,
Aus Heraclides Ponticus' εἰσαγωγὴ τῶν ἐν μουσ
die Partien Capp. 4, 5, 6, 7; ebenso sind auch, wie Westp
vermutet, die Abschnitte 9, 13, 17, 20 nichts anderes
deren Quelle uns nicht näher bekannt ist.

Überblicken wir also das gesamte Material, so fir
weitaus der grösste Teil unserer Schrift (von den 44
nur aus Kompilationen besteht, allerdings von sehr bedeut
nur Einleitung und Schluss sowie einige wertlose Par
Kommentare zur Psychogonie des platonischen Timaius
ist eigene Arbeit des Autors; also gerade da, wo wir
und Ausführungen des Verfassers zu erhalten glauben, nä
Anfänge der Musik und ihre genetische Entwicklung in de
classischen Zeit, hat er in seiner Unkenntnis und Une
fremden Quellen seine Zuflucht nehmen müssen. Un
Excerpte konnte er nicht, wie es Plutarch in einem ähnliche
hätte, nach seinem subjektiven Ermessen frei darstellen un
einfügen, sondern ganz wörtlich, sklavisch an das Orig
führt er dieselben an. So aber konnte Plutarch, der
nicht unerfahren war, wie Quaest. conv. lib. IX sowie die S
viter vivi posse Cap. 13 beweist, nicht verfahren, am
aber hätte er diese doktrinären Auseinandersetzungen
πόσιον verwertet.

Alle diese im Vorausgehenden erörterten Gründe
klar erkennen, dass unsere Schrift Plutarch nicht
werden kann; auch der letzte rettende Versuch West
das früheste Werk auszugeben, das wir von Plut
ist ohne jeden Halt; denn abgesehen davon, dass der
haupt nichts Plutarchisches weder in stilistischer no
Beziehung enthält, ist diese Behauptung schon aus der
rückzuweisen, weil der junge Plutarch es sicherlich
haben würde, ein so schwieriges Werk zu verfassen, wi

schichte und Theorie der Musik bildet; darum konnte auch Westphal unter der grossen Litteratur Plutarchs keine einzige Schrift finden, welche in ihrem Charakter mit der vorliegenden ähnlich ist, als nur die gleichfalls pseudoplutarchische Schrift παραμυθητικὸς πρὸς Ἀπολλώνιον. Was aber seine Behauptung durch Vergleichung mit der letztgenannten an Sicherheit gewonnen hat, dürfte einleuchten.

Unter den moralischen Schriften, welche die Bekämpfung der Stoiker zum Gegenstande haben, ragt der sehr umfangreiche Dialog:

Περὶ τῶν κοινῶν ἐννοιῶν πρὸς τοὺς Στωικούς

durch Schroffheit und Ton seiner Polemik hervor.

Wie der Titel schon besagt, wird in ihm die stoische Lehre von den κοιναὶ ἔννοιαι widerlegt und die gehässigen Angriffe der Stoiker gegen die Akademie (Cap. I πικρῶς δ'ἄγαν ἐγκειμένων τῇ Ἀκαδημίᾳ καὶ ἀπεχθῶς) zurückgewiesen. Es kann deshalb auch der bittere Sarkasmus, ja der überaus gereizte Ton, der von dem einen der Unterredner, Diadumenos, bisweilen angeschlagen wird, durchaus nicht befremden oder gar als ein Kriterium gegen die Authentie aufgefasst werden, wie es Volkmann thut. Zudem richtet sich ja auch der aggressive Teil des Dialogs nur gegen die paradoxen Lehrsätze der stoischen Philosophen, nicht aber gegen letztere selbst; denn ihnen zollt Lamprias das höchste Lob, wenn er (1059 A) sagt: ὑπὸ Στωικῶν ἀνδρῶν τὰ μὲν ἄλλα βελτίστων καὶ νὴ Δία συνήθων καὶ φίλων.

Allein der Umstand erregt schwere Bedenken gegen die Authentie, dass unsere Schrift gewissermassen einen Abklatsch der plutarchischen gegen die Stoiker gerichteten περὶ Στωικῶν ἐναντιωμάτων bildet, da in beiden dieselben Jrrtümer dieser Philosophen besprochen und widerlegt werden. Hiefür einige Beispiele: Jn περὶ Στωικ. ἐναντι. Cap. 14 bekämpft Plut. die stoische Ansicht über den Selbstmord; genau dasselbe findet sich in längerer Ausführung in der vorliegenden (Cap. 11). Die stoische Güterlehre, welche in der ersteren Schrift (Cap. 17) zurückgewiesen wird, ist auch in unserer (Cap. 12 und 13) Gegenstand einer ausgedehnten Polemik.

Die Widerlegung des Lehrsatzes, dass nur der Weise alle Tugenden besitze und allein glücklich sei, wird sowohl περὶ Στωικ. ἐναντ. (Cap. 17 und 18) als περὶ κοιν. ἐννοιῶν (Cap. 10ff) durchgeführt; dasselbe gilt auch von der Lehre der Stoiker über die Existenz Gottes, über das Weltall, über die Natur, über die Vorsehung etc., welche in beiden Schriften unter starker Betonung des Standpunktes der

4*

Akademie gleichmässig behandelt werden, nur die R
einzelnen widerlegten Sätze ist eine verschiedene. D
es aber höchst auffällig, dass weder ein innerer noc
Zusammenhang zwischen den beiden Abhandlungen
dass ferner die eine nirgends in der andern angedeutet
Plutarchs Gewohnheit völlig widerspricht.

Ferner muss es als unmöglich bezeichnet wer
Schriftsteller ein und dasselbe Thema in zwei versc
einander unabhängigen Werken durchführt, — es müs
dass sich beide gegenseitig ergänzen sollen; dies aber
bemerkt, hier nicht der Fall.

Diese Bedenken gegen die Echtheit werden auch d
sache bestätigt, dass dem Verfasser unserer Schrift die Be
Hiates fast völlig unbekannt war; auch Benseler ka
Annahme nicht entziehen, wenn er (pag. 531) behaupt
que negari non potest auctorem huius libe]
κοινῶν ἐννοιῶν) non ab omni hiatus evitandi stu
fuisse. Zwar müssen diejenigen Fälle unberücksicht
bei einem wörtlich angeführten Citate ein Hiat erschei
τῇ φύσει ὁμολογεῖν, 1076 E μέρη ὄντες, 1079 D τὸ σῶμ
τμήματα εἶναι, ibid. F ἄνισα εἶναι, 1080 C ἴσα ἀλλήλ
σώματα ὅλα, σῶμα οὐκ, μεταξὺ ὄντος etc.; allein trotzd
der noch übrig bleibenden Hiate so bedeutend, da
Beobachtung desselben nicht die Rede sein
auch die Schrift Plut. nicht zugeschrieben werden darf

Hiezu kommt endlich ein gewichtiges sachliches
steht nämlich die Form unseres Dialogs mit der bei P
lichen im entschiedenen Gegensatz; denn dieser pflegt
Partien eines Zwiegespräches durchweg unter mehr
gleichmässig zu verteilen, Rede und Gegenrede wechs
Aufeinanderfolge mit einander ab, kurz der Dialog e
Leben und strenge Gliederung. Doch weit anders in de
Schrift: Von den zwei Personen, welche πρόσωπα de
hält die eine ausgedehnte, gelehrte Deklamationen geg
ihr allein ist die Rolle des Unterredners ausschliess
während die andere mit Ausnahme der den Dialog
Worte an der Disputation sich gar nicht beteiligt; so k
auch, dass der dialogische Charakter völlig verwischt
Name dieser „stummen" Person ist unsicher, da er eigent

im Gespräche nirgends genannt wird; das von Amyot und Xylander eingesetzte Wort Λαμπρίας beruht lediglich auf einer Konjektur[1].) Ebenso ergeben sich in sprachlicher Hinsicht gewichtige Kriterien gegen die Autorschaft Plutarchs: Die Form des Femininums φρονίμη 1070 B; der Gebrauch des pron. rel. für das pron. dem. 1060 πρὸς ἃ μὲν ἀλλοτριοῦν, πρὸς ἃ δὲ οἰκειοῦν ἡμᾶς τὴν φύσιν; die Anwendung des Artikels für das pron. dem. in 1070 E τοῦ δ βλάπτει μέν, οὐ ποιεῖ δὲ χείρονας, 1085 F τῶν ἃ δέχεται; beide Strukturen lassen sich durchweg nur in unechten Schriften, z. B. de lib. ed. 2 C, Apoph. Lac. 178 D, de fato 573 A nachweisen (cf. I. T. p. 24). Die Stellung des pron. refl. 1059 E ταῖς πλεκτάναις αὑτοῦ.

Die Anastrophe in 1086 A ποιότητος ἄνευ, ibid. σώματος ἄνευ.

Die passive Bedeutung von ἀρνεῖσθαι 1072 A ταύτην ἀρνουμένην διαφοράν.

Die Form der disjunktiven Konjunktion ἤτοι — ἤ 1073 F, 1082 D, welche fast alle pseudoplutarchischen Schriften aufweisen.

Die Konstruktion des Temporalsatzes 1068 B οὐδὲ πεινῶσιν πρὶν σοφοὶ γενέσθαι.

Die copia verborum enthält eine Menge von ἅπαξ λεγόμενα, z. B. εὑρεσιολογία, παραδοξολογία, ἐπιχαιρεκακία, ἀδυναμία, θεατρικῶς, ἰσοταχῶς, ἀνδρικῶς, ἐνδελεχῶς, ἀξιέραστος, ἀνομολογεῖν, φιλοτεχνεῖν, ἐνναυμαχεῖν, κατακερματίζειν etc.

Überblicken wir also die in der vorangehenden Untersuchung gewonnenen Resultate, so ergibt sich als feststehende Thatsache: Die vorliegende Schrift muss in Hinsicht auf ihren stilistischen Charakter Plutarch abgesprochen werden.

Ein in der That schmähliches Machwerk ist die gewöhnlich im Anhang[2]) zu den Moralia aufgeführte Abhandlung:

'Υπὲρ εὐγενείας.

Ohne Zweifel hat ein Fälscher der byzantinischen[3]) Zeit — darauf deutet die Sprache derselben — veranlasst durch zwei

---

[1]) Auch in der für unsere Schrift einschlägigen Codices (Par. B und E) fehlt der Name.

[2]) Der Lampriaskatalog enthält den Namen dieser Schrift nicht (cf. Treu, Gesch. d. Überlieferung von Plut. Mor. 1. Progr. Waldenburg 1877, pag. 4); doch beweisen die Excerpte des Stobaeus, denen das Lemma κατ' εὐγενείας und ὑπὲρ εὐγενείας beigefügt ist, die Abfassung einer solchen Doppelschrift durch Plutarch.

[3]) cf. Wyttenbach Mor. tom. V: hic spurius est foetus, Byzantinae aetatis extremae compilatus ex Stobaeo.

Excerpte des Stobaeus (Flor. T. III p. 157 und p. 165) diese verfasst, um sie vielleicht an die Stelle der verloren gegangenen echten Schrift in den Kanon einzufügen, der ja aller Wahrscheinlichkeit nach in jener Periode entstand. Allein die Fälschung ist eine so plumpe, der Stil so barbarisch und fehlerhaft, dass schon ein flüchtiger Blick die Kompilation erkennen lässt. Der Verfasser besitzt nur geringe Kenntnis der altgriechischen Sprache; infolge dessen mengt er manchfache neugriechisch-byzantinische Strukturen in seinen Stil; so z. B. steht nach neugriechischer Manier (ἄν = ἐάν und εἰ) bei ἐάν und ὅταν häufig der Indikativ, wie ὅταν φησίν 920 A[1]), ἐὰν ὑπῆρχεν 926 A; ähnlich 945 B, 950 A, 955 A, 963 B, 978 B. Umgekehrt erscheint εἰ mit Konjunktiv, z. B. εἰ καλὰ ᾖ 963 B, εἰ διαρραγῇς 984 B.

Statt des Futurs bei einem Verbum finitum findet sich in derselben Bedeutung ἄν mit Konjunktiv, z. B. καταλήψῃς ἄν 923 B, λήγῃς ἄν 931 B.

Die direkten Fragesätze werden entgegen dem altgriechischen Sprachgebrauche durch eine Fragepartikel und zugleich durch ein Pronomen eingeleitet, z. B. ἆρα τί λέγει 956 B, ἆρα τί διασύρει 922 A, ἆρα τίνα ἀντιθῶμεν 969 B.

Auch lassen viele Latinismen, welche unser Traktat enthält, mit Sicherheit darauf schliessen, dass dem Autor eine lateinische Übersetzung der verloren gegangenen plutarchischen ὑπὲρ εὐγενείας und der gleichnamigen aristotelischen Schrift — aus der letzteren sind ganze Partien oft wörtlich aufgeführt — zur Quelle diente, solche lat. Reminiscenzen sind: 922 B ἀλλὰ μὲν οὐχ ἡ αὐτὴ τιμὴ ἑκατέροις κτλ., ebenso die Stellen 931 B, 932 A, 986 B, 947 B, 958 A.

Ferner ist der Hiat völlig vernachlässigt, der Stil weitschweifig und trocken; die Citate[2]) dehnen sich ins Unermessliche aus, kurz die ganze Schrift verrät sich als ein Falsifikat der schmählichsten Art, das mit Unrecht einen Platz in den moralischen Schriften einnimmt.

Als ein Machwerk der gleichen Sorte erscheint der Traktat:

Περὶ ποταμῶν.

Wie schon erwähnt, haben Hercher[3]) und bereits vor ihm bedeutende Kenner Plutarchs wie Valckenaer, Wyttenbach gestützt auf die auffallende Übereinstimmung unserer Schrift mit dem pseudo-

---

[1]) Nach der Ausgabe von Wyttenbach.
[2]) In dieser Hinsicht gleicht sie dem unechten παραμυθητικὸς πρὸς Ἀπολλώνιον.
[3]) Plut. lib. de fluviis, Leipzig 1851, p. 1—34 Ad. Eur. Phoeniss. p.597 Plut. Mor. tom. V, p. 269.

tischen Kriterien sowie die Verlogenheit des Verfassers bei Anführung seiner Gewährsmänner[1]) bestätigen zur Evidenz die Mystifikation. So mögen von den zahlreichen grammatischen Abweichungen vom plut. Sprachgebrauche angeführt werden: Die Anwendung des pron. reflex. σφεῖς, σφῶν in τῇ σφῶν διαλέκτῳ 1150 A, 1152 E. Der Gebrauch des Inf. Aorist ohne ἄν in einem Deklarativsatze[2]) wie χρησμὸν ἔλαβεν ἐμπεριελθεῖν 1161 D (cf. I T, p. 34). Die Setzung der Partikel ἄν in einem Temporalsatze, z. B. ὁσάκις ἄν ἐπέλθωσι 1154 B. Der Gebrauch der Negation, wie μὴ στέγων 1149 A, 1152 B, μὴ θέλων 1155 B, μηδὲ δυνάμενος 1165 D etc. Das häufige Vorkommen von τὲ καί; die wiederholte Anwendung des Particips προειρημένος — ich zähle 16 Fälle —; der ausgedehnte Gebrauch der relativen Satzverbindung, die bei Plut. sehr selten erscheint. Nicht minder klar wird die Unechtheit aus der Komposition erkannt, indem der stilistische Aufbau grosse Dürftigkeit und Unbeholfenheit in der Anwendung rhetorischer Floskeln aufweist. Fast jedes der 25 Kapiteln hat den gleichen Anfang: μετωνομάσθη διὰ τοιαύτην τὴν αἰτίαν, worauf dann gewöhnlich die Geschichte des Flusses folgt; selbst die einzelnen Absätze, in welche jedes Kapitel zerfällt, gleichen sich einander wieder durch die Einleitung: γεννᾶται, εὑρίσκεται, παράκειται; den Schluss bildet stets die stereotype Formel: καθὼς ἱστορεῖ mit der Anführung des Autors, aus dem die Erzählung angeblich stammen soll.

Was endlich den Inhalt betrifft, so ist eingangs darauf hingewiesen worden, wie wenig die Angaben des Verfassers Glauben verdienen. (Näheres hierüber siehe bei Hercher pag. 17).

Es erübrigt uns sodann die Besprechung der
Παροιμίαι αἷς Ἀλεξανδρεῖς ἐχρῶντο.
Sie bilden einen Bestandteil der grossen, dem Grammatiker Seleukos zugeschriebenen Sprichwörtersammlung, in welcher sie mit der des Sophisten Zenobius und eines uns unbekannten Rhetors[3]) vereinigt

---

[1]) Vergl. hiezu Hercher pag. 17.

[2]) Auch hierin zeigt sich eine auffallende Konformität mit d. παράλληλα Ἑλληνικά.

[3]) Weil in einer Rezension der Titel παροιμίαι δημώδεις ἐκ τῆς Διογενιανοῦ συναγωγῆς sich findet, hielt man den Lexikographen Diogenian für den Verfasser; jedoch scheint dessen Autorschaft zweifelhaft.

sind. Da sie die Subscription Πλουτάρχου παροιμίαι αἷς Ἀλεξανδρεῖς ἐχρῶντο tragen, hielt man irrtümlicherweise Plutarch für den Verfasser, auch wurde diese Annahme noch dadurch bestärkt, dass sich dieser längere Zeit in Alexandria aufhielt, wie Quaest. conv. V, 5 berichtet wird.

In neuerer Zeit hat nun die vorliegende Sammlung, welche 131 Sprichwörter enthält, eine nicht unbedeutende Vergrösserung gefunden, indem Crusius [1]) zum erstenmale weitere 51 Stücke veröffentlichte. Ohne Zweifel stammen auch diese von dem nämlichen Verfasser wie der erstere grosse Teil, wie Sprache und Komposition deutlich beweisen; so z. B. der Gebrauch des pron. reflex. ταῖς χερσὶν ἑαυτῶν 104 A [2]) — τοὺς βασιλεῖς ἑαυτῶν 10B; τὰς οὐσίας αὐτῶν = ἑαυτῶν 37 A — ἐπὶ τῆς κεφαλῆς αὐτοῦ 21B, ὑπὸ τῆς γυναικὸς αὐτοῦ = αὐτοῦ.

Die Formation παρόσον = quoniam 31, 49 A — 43 B; die stete Anwendung der Formeln: εἴρηται ἐπί, μετήνεκται, μετῆκται, τέτακται ἀπό; die auffallende Übereinstimmung in der Bildung der ἅπαξ λεγόμενα: δικαιοπραγῶ, ἱερουργῶ, ἀλληλοφαγῶ, ἀχθοφορῶ — γαστριμαργῶ, μυσαχθῶ, ἀνθρωποθυτῶ B; κλειτοριάζω, αἰωνίζομαι, γειτνιάζω, ἐσοπτρίζω, ἀποτροπιάζομαι A — ἀνασκολοπίζω, βαστάζω, μεταφράζω, φρονηματίζομαι B etc.

Es gehören also beide Teile einer Sammlung an; doch irrt Crusius, wenn er Plutarch für den Verfasser hält. Schon der Umstand, dass der Hiat in unserer Schrift völlig vernachlässigt ist, beweist über allen Zweifel die Unechtheit derselben.

Dazu kommen aber noch sehr gewichtige sprachliche und sachliche Kriterien. Von den ersteren seien erwähnt: Die bei Plut. nicht gebräuchlichen Formen: Συρακούση [3]) = Συρακοῦσαι 10, ταχύτερον = θᾶσσον 57, ἱερή = ἱερά 67, ἑνί = ἐν 48, παρόσον = quoniam 31, 49, νικήσεσθαι = νικήσειν 9, ἡγοῦν = οὖν 7, οἱονεί = ὥσπερ ἂν εἰ 79, 108; ferner die vom plut. Sprachgebrauche abweichende Stellung des pron. refl., z. B. ταῖς χερσὶν ἑαυτῶν 194, ἐπὶ τῆς κεφαλῆς αὐτοῦ = αὐτοῦ 21, ὑπὸ τῆς γυναικὸς αὐτοῦ; der Gebrauch des pron. dem. σφιν für αὐτοῖς 57; die latinisierende Struktur τί ὅτι = quid quod 47; der Gebrauch des pron. rel. statt des pron. dem. in οὓς μέν, οὓς δέ 4.

---

[1]) Index lect. Tübing. 1886/87, pag. XXV; vergl. auch dessen analecta crit. ad paroemiographos Gr. Leipz. 1883.
[2]) A möge den ersten, B den zweiten Teil der Sammlung bedeuten.
[3]) Bei 131 ὅτ' ἀπαιτῶν εὑρεθῇ ist ohne Zweifel ὅταν zu korrigieren, da hier eine Haplographie vorliegt; die Form ὀπισαμβρώ 3 ist ein monstrum, wahrscheinlich muss ὀπισαμβῶ geschrieben werden.

Auch enthält die Sammlung eine grosse Anzahl von ἅπαξ λεγόμενα, die in keiner anderen plut. Schrift erscheinen.

Ausser diesen stilistischen Indizien gibt endlich auch der Inhalt zu schweren Bedenken Anlass. So ergeht sich der Verfasser bei der Erläuterung der einzelnen Sprichwörter wiederholt in gelehrte Details, die wohl eher auf einen Grammatiker als auf den jedem gelehrten Prunke abholden Plutarch hinweisen; so z. B. bei der Erklärung von prov. 11 *Κέλμις ἐν σιδήρῳ*, 76 *ἐνπέντε κριτῶν γόνασι κεῖται*, 116 *Κράδης ῥαγείσης*, 125 *οὐχ ἡ Γλαύκου τέχνη*, 117 *εἴτ' ἐφ' ὕδωρ κακόν*. Und welche Annahme läge hier näher als diese, dass ein alexandrinischer Gelehrter der Verfasser der vorliegenden Sammlung ist; gerade die bei manchen Sprichwörtern gegebenen litterar-historischen Exkurse weisen mit Bestimmtheit darauf hin.

Endlich hätte es auch sicherlich einem so sitteureinen Charakter wie Plutarch widerstrebt, lascive Sentenzen wie prov. 6, 92, 98. 103 in seine Sammlung aufzunehmen. Und damit fällt auch die Behauptung Crusius[1]), dass wir in unserer Schrift nur einen Auszug besitzen, als unhaltbar in sich zusammen; denn unmöglich würde Plutarch eine derartige Kompilation in dieser Form durchgeführt haben.

Gleichfalls Plutarch abzusprechen ist die aus der philosophischen Homererklärung hervorgegangene Abhandlung:

Περὶ τοῦ βίου καὶ τῆς ποιήσεως Ὁμήρου.

Sie besteht aus zwei Bestandteilen, von denen der erste eine gedrängte Darstellung des Lebens Homers enthält, während im zweiten, der sich ohne Zweifel als das Werk eines Grammatikers (*κριτικός*) darstellt, ein weit ausgesponnener, grammatischer Exkurs über die homerischen Gedichte geboten wird. Zwar hat Plutarch, wie Gellius, noct. Att. II, 8, 9 berichtet, über Homer eine Schrift exegetischen Inhaltes *Ὁμηρικαὶ μελέται* verfasst, doch kann diese mit der vorliegenden nicht identisch sein, da die von Gellius (II,8,9 und IV, 11) angeführten Stellen, welche in Plutarchs Schrift standen, in der unserigen nicht enthalten sind.

Indes beweist auch die ganze Komposition die Unechtheit. Vor allem ist es eine unumstössliche Thatsache, dass beide Teile nicht zusammen gehören, sondern stilistisch und inhaltlich als verschiedene Abhandlungen zu betrachten sind. Man vergleiche nur die sprachliche Diskrepanz im Gebrauche der Negation in den Konsekutivsätzen:

---

[1]) In der schon citierten Schrift pag. XIX: nam excerpta tenemus, non opus ipsum.

I. T. Cap. I οὕτως ἐγκρατῶς ἔσχεν. ὡς μηδὲ τὴν ἀρ
ματος ἐπιμνησθῆναι;
II. T. Cap. III λέγουσιν αὐτὸν γενέσθαι ὡς οὐδὲ δί
κοντα ἀπέχειν.

Der Verfasser der ersten Abhandlung gehört wahrsch‹ sog. Mythographen; denn die Art und Weise, wie er die Homers sowie die Ableitung seines Namens (ὅμηρος, ἡγεῖσθαι) zu erklären sucht, erinnert unwillkürlich an die] Autoren.[1])

In dem Verfasser des zweiten Teiles erkennen wir unbedeutenden Kenner der poetischen Litteratur; wie ‹ rische Deutung der hom. Schriften (vergl. Cap. 114ff) bewe Anhänger der stoischen Schule, in der bekanntlich diese Erk traditionell war. Schmid[2]) hält den Neuplatoniker Porphy Verfasser, da unsere Schrift an einigen Stellen, z. B. C eine gewisse Konformität mit den homerischen Allegorien welche fälschlich dem Porphyrius zugeschrieben werd Seine Behauptung hat jedoch Diels[3]) glänzend widerleg für beide eine gemeinsame Quelle nachwies. Indes nötig der vorliegenden Schrift: καὶ χρῶνται μέν τινες πρὸς μαντε‹ αὐτοῦ καθάπερ τοῖς χρησμοῖς τοῦ θεοῦ κτλ. die Abfassι in die Zeit des Porphyrius (3. Jahrh.) anzusetzen, wo der ‹ Homerverse als Centone sehr blühte (vergl. Sittl, Gesc Litt. I, 153 ff).

Der Stil zeigt manchfache Abweichungen vom gebrauche, z. B. die Anwendung der Negation in der sätzen, Beispiele s. oben (cf. Stegmann § 16, b).

Die bei späteren Graecisten (siehe Schmid II.Bd. p. 63) g Bedeutung von οὐκέτι = οὐ Capp. 12, 167; die Formatiι ὅτι, διότι Cap. 147. Die Form der disjunktiven Konjunkt Cap. 22; die Anastrophe bei ἐκτός und ἐντός, wie τῆς ʽΟμι ἐκτός Cap. 125, ταύτης ἐκτός Cap. 174, τέχνης ἐντός Cap. (Anwendung von τὲ καί — ich zähle 18 Fälle — (vergl

---

[1]) Zwar citiert unser Verfasser Ephoros aus Kyme als se: mann; doch ist uns von einer Schrift desselben mit dem Ti‹ nichts bekannt; (vergl. dessen Fragmente bei Müller, F. H. ‹
[2]) Progr. d. franz. Gymn. Berlin 1850.
[3]) Doxographi Gr. pag. 88; aus derselben Quelle stam bei Stobaeus (Ekl. I) angeführten philosophischen Aphorisn Teil der pseudopl. Schrift de plac. phil. I.

Rh. Mus. 33, 590). Die Bildung des Komparativs κατώτερος (κάτω) Cap. 135; der Gebrauch von οἱονεί = ὥσπερ ἂν εἰ, u. a. Endlich beweist auch der Umstand, dass der Hiat völlig vernachlässigt ist, die Unechtheit. (Nähere Details gibt Sengebusch, diss. Hom. prior in Hom. Iliad. ed. Dindorf, Leipzig 1855, pag. 4 ff.) Als die Kompilation eines Gelehrten der spätgriechischen Periode verrät sich durch Stil und Inhalt der nur wenige Kapitel umfassende Traktat:

Περὶ μέτρων.

Durch Villoison zum erstenmale veröffentlicht, wurde er als herrenloses Gut später ohne jede Berechtigung verschiedenen Autoren, so dem Metriker Hephaestion, mit dessen berühmten Handbuche[1] (ἐγχειρίδιον περὶ μέτρων) er in der Komposition gewisse Ähnlichkeit besitzt, zugeschrieben. Eine oberflächliche Untersuchung des gebotenen Materials lässt sofort ersehen, dass die vorliegende Schrift nur einen äusserst dürftigen Auszug aus einem grossartig angelegten Werke darstellt; wie der barbarische Charakter der Sprache zeigt, z. B. ὅτ' ἂν = ὅταν Cap. II. A, B, C, D, ist er das Produkt eines spät griechischen Gelehrten, vielleicht eines byzantinischen Grammatikers; darauf führt schon der Umstand, dass die erste Partie unserer Schrift auch in den sog. byzantinischen Scholien zu Hephaestion (cf. Westphal, script. metr. Gr. I [2]) steht. Eine eingehendere sprachliche Untersuchung dürfte überflüssig sein, da die Unechtheit über jeden Zweifel erhaben ist; zudem bietet sie auch wegen ihres sehr geringen Umfanges in dieser Hinsicht zu wenige Anhaltspunkte.

---

[1] Auch dieses ist nur ein Auszug aus seinem grossen Werke περὶ μέτρων.
[2] Die zweite Hälfte der Hephästionscholien edierte Hörschelmann